U0634271

阳光教室系列
YANGGUANG JIAOSHI XILIE

胡纬◎著

有效学生评估70式

YOUXIAO XUESHENG
PINGGU 70 SHI

四川教育出版社

图书在版编目（CIP）数据

有效学生评估 70 式/胡纬著. —成都：四川教育出版社，2013.7
（阳光教室系列）（2021 重印）
ISBN 978－7－5408－6328－9

Ⅰ．有… Ⅱ．胡… Ⅲ．①中小学生—考试—心理
辅导—基本知识 Ⅳ．①G632.474

中国版本图书馆 CIP 数据核字（2013）第 137013 号

责任编辑 郑 鸿
装帧设计 毕 生
责任印制 陈 庆 杨 军
出版发行 四川教育出版社
　　　　　地　　　址　成都市黄荆路 13 号
　　　　　邮政编码　610225
　　　　　网　　　址　www.chuanjiaoshe.com
印　　刷　三河市明华印务有限公司
制　　作　成都完美科技有限责任公司
版　　次　2014 年 4 月第 1 版
印　　次　2021 年 6 月第 3 次印刷
成品规格　155mm×218mm
印　　张　10
书　　号　ISBN 978－7－5408－6328－9
定　　价　30.00 元

如发现印装质量问题，请与本社联系。电话：（028）86259359
营销电话：（028）86259605　邮购电话：（028）86259605
编辑部电话：（028）86259381

总序

近年来，香港的学校，在不少教室中，长年累月是阴霾密布，充满着幽暗与郁闷，了无生气。

许多孩子厌恶上学，视为畏途。于是旷课、逃学或干脆辍学。至于肯回校上课的，不少是度日如年，无心向学而行为顽劣，结果是学习成效低下。老师不少亦厌恶和害怕上课的，他们自嘲为"四等"或"五等"教师，而教学成效恶劣，是极其自然的结果。为什么会有这些现象？背后是些什么原因？问题可以解决吗？还是学校生活根本就是如此灰暗可怕？我的回答是："不，这绝对不是必然的。"相反地，我们在不少学校中，每天可以看到教师和学生都含着盈盈笑意在教导和学习。在融洽亲切的智慧和心意交流中，课堂中充溢着阳光，亦即宝贵的生命之光。

同样是学校教育，为什么会出现如此截然不同的景象呢？"阳光教室系列"的创议和出版，正是回应上述种种问题。近年来学生问题出现恶化的现象，由于问题的根源复杂，不可单靠学校教育来解决。但我们深信，学校和教师，在青少年儿童的成长历程中，始终扮演着重要的角色。"阳光教室系列"的作者们尝试以教育和辅导的理论为基础，从学生、教师、家长等不同角度来探索种种课题和困难。他们带出一个重要的信念：教育工作的确是日益艰困；不过，倘若我们在留意课程、教学法、学校设备和校政之外，还为被忽略的"人"这一元素重新定位的话，教育仍然是有成效的。

"阳光教室系列"是一个上佳的名称。植物需要阳光才能长大。孩子在学校中，同样需要一个人性化而温暖的环境，才能有效和快乐地学习和成长。但遗憾的是，学校越来越像工厂的生产，而教育工作者有时居然会忘记了自己和学生都是有血有肉的人。

十年前，我的一位学生决定离开已任教七年的学校。她感慨地对我说："除了人与人的疏离和争斗之外，最近学校宣布，从下半年起，学生成绩册上的操行等第和评语，将一概由电脑处理。教师不必、亦无权过问。"她在许多教师雀跃于工作减轻的同时，只感觉到学校非人性化的环境越来越冰冷。十年后的今天，学校的科技设施有了更大的改进，可是教育工作者是否真的能善用科技？抑或会因此导致更多教育的危机？

事实已一再显示，当教育工作者视学校如工厂，忘记了教育是尊贵的人的事业时，很容易会偏离了正轨。"阳光教室系列"基本上没有什么"新意"，只是在作者们平实的表达和有理有情的笔触中，大家会发现三种教育最基本的理念：首先是"诚"，包括了教师对自己和对学生的一份诚意。其次是"信"，是对每一个学生独特性的尊重和接纳。第三是"心"，是指教师对教育工作的热爱和投入。总括以上三点，其实就是一种崇高而庄严的教育爱。

喜见"阳光教室系列"的出版，亦高兴于列位富有经验和学养的教育工作者参与这一项很有意义的工作。闭目遐想，我看见在阳光洒满一地的教室中，教师带着微笑兴致勃勃地带领着学生在研习。在学生充满好奇、盼望和兴趣的眼神中和偶尔迸发出的呐喊和笑声中，我欣然看到了跳跃的生命，也看到了生命与生命的交流。我深信此过程促进了生命的茁壮成长——包括了莘莘学子和春风化雨的良师，大家一同经历成长的满足和喜乐。

林孟平

（香港中文大学教育学院心理辅导学教授）

自序

　　这本小册子分五部分：一、"考试真面目"是讨论教育界人士对考试的态度，厘清考试的概念及其真正作用。二、"战前装备法"，学习为学生准备应试的第一步，探讨如何提高学生的学习技巧和兴趣。三、"'完美'的考核"，设题为学生应试的第二步，只有合适的设题，才能客观及准确地考核学生的实力。这样，教师才能对症下药，为学生提供具体和实质的应考策略。四、"严明的青天"，即评审，这是与第三部分相辅相成。除了有合适的设题外，还要有公正的评审才能达到上述的效果。五、"辅导强心针"，考试辅导：除了技巧外，能否面对考试压力，对考生的表现也有决定性的影响；此外，考试本身不是一个结果而是一个过程，若考生能从考试失败中重新振作，才可应付往后更多的考试，甚至考验。

　　整本书用到"考试"一词，不是严格的学术界定，而是多义的，所以书名用上了"评估"来代替它，希望这方面的专家多多原谅。又限于本书作者的知识水平，对于书中的错误，还望专家多多指正。感谢钟财文先生及苏义有先生对本书的推介，编辑黄结屏小姐为本书剪裁及提出宝贵的意见，内子黄咏絮为本书奔走；但最要感谢的还是你——我的读者，肯在百忙中抽出宝贵的时间，阅读这本小册子。

胡　纬

目 录

III "完美"的考核

IV 严明的青天

V 辅导强心针

I 考试真面目

木人巷

不论动机如何良善，
我们都不可以做出伤害学生的行为。

有教育工作者曾经在他的二十二位全班女生中，做了一项"字汇联想"测验，叫她们对"考试人员"（examiner）这个字写出心中的直觉和反应来。借着这个测验，我们可以探索到一位考试人员在一些女孩子的心目中是：男的、既老且烦人、唯利是图、喜欢讽刺别人、有优越感、充满敌意、不可信赖、做起事来迂回曲折……简言之，在她们的心目中，"考试人员"绝非仁慈或逗人讨好之辈。看了这个测验，岂不叫作为教育工作者的我们在伤心失望之余，好好地加以反省反省。为什么我们在这班年青人心目中的形象是这般差，这般不济呢？

有些教师认为，只因学生对考试的反感，所以才把这些情绪投射到监考员和阅卷员的身上。于是，有人便认为我们做老师的不必做代罪羔羊。既然学生对考试这样反感，把考试这劳什子废去便算了；作为教师的，为什么要做这些吃力不讨好的工作？但赞成保留考试制度的人却会反驳说道：外面风大雨大，学生未经考试，我们怎能放心让他们到社会去接受考验呢？

是的，闻说以前少林寺也有这样一套制度。到少林学武满师后，如果想下山，必须先经过木人巷这一关，让巷中的木人把这班小师傅打得焦头烂额。如果真能经过这个巷，将来到俗世去，便可经得起江湖上种种的冲击。如果过不得这一关，但又想离开少林，便要由狗洞爬出去，一世也抬不起头来。木人巷的设置是对学员的照顾，原意是好的，但我不明白为什么要用木人。同样，考试原意是为学生好的，但我们不一定要把学生弄到焦头烂额。老师不要做木人，我们是有血有肉的。我们既要保留这个制度，但一定要改良它。

个人反省

* 你对考试持什么意见，认为它有保留的价值吗？

具体实践

* 每次拟题后都检讨一下，使学生不致被试题难倒。

你的补充

天子门生

**今日的知识分子，要做自己的主人，
不要再做奴隶。**

中国的考试制度早在周朝已有，《学记》便有"比年入学，中年考校"的说法。这些考试是属于年终试，查核学生在一段时期内学到些什么，本来与选拔人才未必扯上关系；直至隋、唐科举制度出现，考试才与选拔人才扯上关系，也是噩梦的开始。

本来从社会流动的角度看，科举制度是较魏、晋时的"九品中正"文明，它可以防止如刘毅所云的："上品无寒门，下品无世族"的现象。但在封建政治制度下，君主为了"稳定"与"效率"，便要用一种工具去奴化人民。阿德斯·赫胥黎的《美丽新世界》用的是生物工程学；中国古代的君主却用上了科举。唐太宗曾说："天下英雄，尽入吾彀中矣。"

所谓上有好者，下有甚焉，在科举制度下大部分读书人都把读书的目标改变了。他们把读书作为达到成功、考获功名的一种手段，而考获科举又是踏上仕途的门径，所谓："一子受皇恩，全家食天禄。"如此一来，他们读书的内容都唯科举所考的内容马首是瞻。宋真宗《劝学诗》："书中自有千钟粟，书中自有黄金屋，书中自有颜如玉，书中车马多如簇。"所谓绝对的权力产生绝对的腐败，既然科举握有批准一般知识分子能否涉足仕途的大权，所以它也随着历史的演进而不断腐败，以致到清朝产生了"八股文"，而读书人亦成为考试的奴隶。

个人反省

＊你是否在有意无意之间，向学生灌输"读书是个人发展的唯一手段"这种意识？你认为这种意识正确吗？

具体实践

＊拿出纸笔来，列出考试与入仕无关的其他所有功能。

你的补充

谁人掌权

考试是服务于教学，

不是教学服务于考试。

　　每当有某科课程进行修改或重订时，参与其事的人员往往都会彼此提醒，要清楚教学课程与考试课程的从属关系。就教学理论的角度来说，没有理由质疑"教学"为主，"考试"为辅，这种关系是最清楚不过的；而且由于社会大众认为考试对一般学子压力太大，所以教育当局都提高警惕，除非是不得已的情况，例如时间十分紧迫，否则必定先拟出"教学课程"，然后以它作为蓝本来定"考试课程"。但奇怪得很，就现实的境况而言，香港的中、小学课程长久以来均以"考试"为主导，老师的教学内容亦往往只取决于考试的考核范围。

　　首先我们应该明白，"考试课程"的范围一定不能超过"教学课程"的，因为我们不能考核那些没有教过的东西。所以，要么就是考试范围与教学范围一致，要么就是只教不考。为什么教了又不考呢？主要是这些东西虽然对学员很有用，但如果用上一般公开试的方法来考核的话，便不是那么容易了。

　　课程发展议会主席郑汉钧先生曾透露，该会正构思把现行课程全面划分为"需应考"和"不需应考"两部分，借以改变考试主导的局面，亦可把课程发展达至均衡教育的目的，但关键在于如何避免教师和学生对"不需应考"的课程采取"轻视"的心态。要改变"因考试才读书，不考试便不读"的心态，便要学生、教师、家长和学校四方面来个大联盟，合力将"功利"二字摒诸门外。

个人反省

* 你是否不会教授那些对学生有用，但无须考试的课业呢？若是，为什么？你认为这样做对学生有利吗？

具体实践

* 试比较本科的考试课程与教学课程，仔细研究一下那些要教但无须考试的部分，它们对学生的重要性。

你的补充

医 生听筒

考试是检定学习进度的工具，
并非惩罚学生的手段。

　　曹老师有志于教育，大学毕业后随即在一所中学任教，晚上兼读教育文凭。因为他从没有教学经验，所以他一如自己以前的老师，依拟订的课程，配合校方的进度来调整教材；有时为了赶进度，他更不惜牺牲私人时间，留校为学生补课，务求教毕整个测验范围方肯罢休。曹老师满以为下了这么多工夫，学生的反应一定良佳，但出乎意料，第一次测验的成绩使他十分失望。

　　曹老师于是请教他教育学院的导师。导师告诉他中、小学有别于大学，大学还可以讲学，重点是教学内容；中、小学则是教学，重点是方法，没方法即使内容再丰富也是枉然。教师首先要确定给学生教些什么，接着是很重要的，也是传统教学常常忽略的，就是应用现成或自行编制的测验，来估量学生的知识程度、态度及智力等，这便是学生学习的内在条件。考虑了这些内在条件后，再配合学习的外在条件，例如个别科目的特色及可运用的教学工具等，才可提供一套适合学生，真正能够帮助他们提升学习能力和技巧的教导。

　　良医要对症下药，良师要因材施教；对症要靠听筒，因材便要靠考试。如果教师只视考试为衡量学生升级能力的手段，没因应学生的考试成绩来调整教案的话，那么，情况跟医生只是用听筒来检查病人是否已经痊愈，而非作为下药指南一样，是一件何等可怕和危险的事情呢！

个人反省

＊你是否只把考试作为学生升留级，甚至劝吁离校的一种工具？

＊虽然工作十分繁忙，你有否尝试凭观察推测到学生的态度，以及凭测验来了解学生的程度和能力，继而调整你的教学进度？

具体实践

＊尝试利用学生的考试结果来改进自己的教学方法。

你的补充

怀璧其罪

科技本身并没有好坏之分，只在于我们如何利用；
考试亦然。

考试在一般学生、家长以至教师的心目中，可谓既爱且恨。恨它的，是它给青少年太大压力，甚至使得部分青少年因承受不起这沉重的压力而自寻短见；爱它的，是因为凭借一纸证书，青少年便可平步青云，成为开拓美好前途的踏脚石。

其实，考试本来是中性的。它既不值得人爱，更不值得人恨，它只是一种"工具"，是评考个人长短处的"工具"罢了。有人认为教育是争取"平等"的一种很好的手段，孔子就因为有教无类，打破贵族阶级专制的局面，而被誉为万世师表。不过，考试又把学子分成无数等级，把人与人之间的差异突显出来。本来考试只作为教育的服务，作为一种信息的回授，是"平等"的忠实仆人。借着它，教师可清楚了解各个学生之间的差异所在，并设法消除这些差异；可惜的是，人们却没有在这方面好好发展。相反，他们只利用这些信息作为选拔人才的凭借；既要选拔，便要突显差异，这样便将考试的原意胡乱地重新诠释过来。最要命的还是由选拔带来的种种利益。人们为了争取这些利益，便不惜使出浑身解数，拼个你死我活。人们可有在对考试作出多方遣责的同时，好好反省一下"考试"这匹夫的罪由何来？

有一个很好的事实可以证明以上说法。香港以前因为中四以上的学额不足，所以设立了"中三淘汰试"；后来中四学额渐足，便改为"中三评核试"；又希望透过这评核帮助雇主选拔学徒，甚至发有证书。但由于雇主没有用这些证书作选拔学徒的根据，结果连证书也没有派发，而评核也变得有点像例行公事了。由于评核与升学就业始终没有挂钩，人们便没有像对其他公开试一样，对它作出严厉的斥责。明乎此，你认为所谓"考试带来的问题"，究竟出于哪里？

个人反省

* 如果你对考试是反感的话，试想清楚，你讨厌的究竟是考试本身，还是人们因不正当地利用考试而带来的恶果？

具体实践

* 谨记：考试不是用来摒除力有不逮的学生的手段，而是用来找出学生的问题所在，继而帮助他们改善过来的工具。

你的补充

箕还是直尺

用合宜的方法，
方有理想的效果。

从考试的功能而言，可分为淘汰试及程度试。所谓淘汰试，就是本着优胜劣败的原则，借助考试来选出最优质的人才，而将相对次等的人淘汰出去。考试结果要视举办当局所需人才数目的多寡，以及考生程度的优劣而定。所以即使某位考生本身的程度再好，未到放榜一刻他也没有把握自己会入选。而程度试则不同，它的目的只是透过考试看看考生是否达到某一程度，不论参与考试有多少人，只要他们达到某一水准，一律可获得通过，考生所受的压力亦轻得多。

淘汰试多用于求职、升学等场合；程度试则多用于毕业或资格检测等情况。至于校内的升级试属何者，则要视班级的编组而定。例如某校的班级数目是"金字塔式"，那便要用淘汰的方式；如果是"对称式"的，那么学员只要达到某级水准便可升班。例如香港早期因中四级以上的学额不足，便有"中三淘汰试"的设立；但当中四以上的学额日渐充裕后，"中三淘汰试"便改为"中三评核试"。由此可见，考试压力的大小涉及很多客观因素。

作为教师，每次拟订试题时，心中都应该意识到这是一次淘汰试还是程度试。如果是淘汰试，所拟订的试题一定要难度高，好让有能者有机会得以尽量发挥；其次，识辨力也要高，这才可以分辨考生程度的高低。至于程度试，只要试题符合所要求的程度便可。但不要以为程度试的影响必定比淘汰试的影响小而草草了事，因为日后不论是升学还是求职，人们也许会以此作为参考。所以，不论考试属哪一类型，教师拟题时都不可掉以轻心。

个人反省

＊平日拟题时，你有否意识到这是一次淘汰试还是程度试？

具体实践

＊试依上文的原则来拟出一个淘汰试或程度试试题，看看所得的效果有否提高。

你的补充

锤子锤钉

将归于自己的重担转嫁到别人身上，
是懦夫的行为。

　　香港的学校除了官立外，也有不少是由福利社团兴办的。这些社团多是由事业有成且热心社会公益的人士出任要职，但因为他们本身有许多业务处理，且多非教育专才，办学的事，实际上只得靠校长独力承担，而他们则只依靠一些客观数据来衡量办学的成绩。在芸芸指标中，最容易察觉及为人所理解的莫过于会考成绩了。

　　在香港，学生的会考成绩对一般校长都有相当大的压力。办学团体大多有校长会的设立，每年一次，要求每一位校长对学校的会考成绩作一详尽的报告：及格率多高啦！有多少个优啦！多少个良啦！有没有"状元"啦……试想在这一个会议中，如果成绩不及其他学校，那位校长的心情将是如何难堪。别以为没有这些校长会的校长会好过点，他要一人独力面对全体校董的质询，心情也好不了多少。

　　也不要以为名校的校长便可逍遥自在。正因是名校，众人对它们的期望不期然会大大提高。及格率百分百是理所当然的事，问题是有多少个优？多少个良？以及有多少个"状元"？如果某位考生一下不慎失手，只考得个及格，作为他的班主任，作为他的校长的心情，可能会较那位考生更难受。所以，当会考成绩欠佳，校长脸色难看，不要以为他们过于苛求，其实他们的心情比全校任何一位都要难受。为了向上级有个好交代，不少校长唯有向校内的老师施加压力，要他们使出浑身解数，力保会考这一关口不能有任何闪失。由此可见，相比莘莘学子，校长和教师面对公开考试所承受的压力，绝对是有过之而无不及。

幸而现在有许多办学团体都有学务主任的设立。他们可以推行一些措施，用较多指标来衡量一所学校的效能，避免以会考成绩作为单一评核标准的恶习。

个人反省

* 如果你是学校的管理人员，你是否会把上司因会考加在自己身上的压力，转嫁到下属那儿去？

具体实践

* 找出更多优质教育的指标，并向你的上司提出。

你的补充

钉锤木

己所不欲，

勿施于人。

——《论语·颜渊》

在我上高三时，班主任对我们的要求十分严格，所以全班同学对他多有微言。20世纪50年代放榜时，我们是到班主任家中静候佳音的。那时电话不是那么普遍，班主任住在四楼，没有电话；而我们有位同学恰巧住在他对下的三楼，有电话，所以学校只有通过同学家的电话，把会考结果告诉他。后来班主任告诉我们，当同学叫他听电话时，他连走两级楼梯也嫌慢，恨不得用雨伞当降落伞，跳到同学的家里去。借着这件事，我们才领悟到他所承受的压力有多大，从此对他反而深表同情。

后来投身教育界，更加理解到任教会考班的老师为何会对自己的学生如此紧张，往往比自己当年考试还要拼命。部分十分负责任的老师固然视学生的成绩如命根，但亦有不少是由于校长太重视会考成绩才变成"紧张大师"。如果一旦学生考得不好，为人师表的轻者便要看校长乌云盖面的尊容，重则过往在校中取得的既有利益渐渐被削弱；最要命的是在同事间，甚至学生面前尊严尽丧。有些好吹捧、好事生非之辈更冷言冷语，真叫你很不好受。记录被抹黑了，将来升迁的机会便大为降低。

造成这种现象，跟校长与教师间不理想的关系有关。教师一族抱着佣工心态，视校长如雇主，只是看主子面色。教育署现在想大力提升校长的管理质素，鼓励他们摒弃过往的管工式管理方法，转用伙伴式或辅导式的取向去管理学校。其实什么是对学生最有利，站在前线的教师是最清楚的，所以他们应该与校长处于一个平等的合伙人地位去教育他们的学生。唯有调整好这种关系，处于最前线又最了解学生的教师才有机会向校方争取他们的教育理想，主动扭转校方、学生及家长对考试不正确的看法。让他们明白考试最大的用处是改善教学，会考成绩不是个人一生中获得幸福的唯一手段。

个人反省

* 你是否会因学生的会考成绩而感到压力重重？若会，这些压力是来自你的上司，自己，还是其他方面？

具体实践

* 尝试发掘每一位学生学业以外的长处。
* 把一些自己对学生的行为、品格（即学业以外方面）等的改善成果记录下来，并留待公开试放榜的前夕重温这些成果，是一个有效的减压方法。

你的补充

敢 与考官共比高

判别对错，不仅要看事情本身，
还要看它的处境。

　　志键是一个好学的孩子。课堂上他很喜欢发问，课余时又喜爱阅读课外读物，老师都期望他在会考中创出佳绩。志键也不想令老师失望，他除了熟习校内的习作外，更挑了一两个特别喜欢的学科，大量阅读有关的课外书籍，还常常向老师透露他的研究心得呢！未几，他还发现许多课本上的错误，甚至指出某些课程已与现时的研究脱节。

　　会考过后，志键对自己的表现蛮有信心，特别对一些自己有新见解的答题更加感到满意，谁知放榜结果却令他十分失望。他认为答得好的科目成绩奇劣，而自己认为一般，只依据课本作答的科目却表现出色。起初他还以为是考试当局的记录出了问题，但经查卷过后，才知道自以为超卓的答案原来与评分参考的答案有很多不同的地方。他心中很不服气，因为他认为评分参考只是一般传统的看法，而他所答的才是最崭新的研究结果。

或许有人会认为这样的考试制度太僵化，太不近人情，但其实这是考试的特点，为的是"公平"原则，因此，所考核的内容必须是得到广泛公认的知识。即使某些新知识、新见解将来可能是人人认同的真理，但只要目前仍存有疑点，便不会被接纳。由于不明白考试这个特点，志键便找了一条错误的渠道来发表他的创见。其实他应该透过相关的专门学刊来表达自己的见解，让这方面的专家讨论和研究才对。

个人反省

＊授课时，你是否有向学生交代清楚哪些课业是应考适用的，哪些是课外知识？

具体实践

＊学期开始时，先把整个考试课程清楚地告诉学生；教学时，也要清楚地指出哪些知识是大家公认的，哪些是至今尚存疑的。

你的补充

增值机

进步比成功更重要。

追求名校的心理由来已久，无论中外人士俱有此心。要成为名校，有历史的学校便努力争取在公开试有好成绩；而一些刚创办的学校便努力收取程度较高的中一新生。无论是公开试成绩还是收生人数，都只是一个"数字"，是一个混淆视听的"数字"。

首先，如果以收生的优良与否来衡量一所学校的好坏，实在有待商榷。这些学生只是刚踏进这些中学，尚未经它任何教化，他们的好坏与这些学校有何关系？他们之所以有好成绩，应该归功教了他们六年的小学。不过，有些中学往往以此为炫耀；亦借着这些炫耀，每年都会有不少成绩好的小学生蜂拥而至。就这样，在"雪球"效应作祟下，好的愈好，差的愈差。

至于以公开试成绩来衡量一所学校的知名度似乎合理些，因为学生的成绩好坏确是与教师的努力有关。不过，要达至最公平的评估，还得探讨这些学校的收生质素如何。如果学生本身已有较高的质素，学校在公开试取得佳绩也是自然不过的事。何况，前青年会书院校长贺国强博士曾作过一项调查，发现在十多所由校长师生选出来的所谓名校，有两所的中学会考五科及格平均成绩只达百分之七十左右。这反映了这两所"名校"虽然收取到质素好的中一新生，但给他们教了五年，反而令这些学生退步了。所以奉劝我们的教育界不要再炫耀他们的收生成绩，不要再炫耀他们的公开试成绩，而是向世人交代他们所教的学生到底是进步了，还是退步了。

个人反省

* 你的学校有没有因收到第一组别的学生而沾沾自喜？又有没有把成绩差劣的学生拒诸门外？

具体实践

* 记录学生入学时的成绩，留待与他们的会考成绩作一比较，看看他们到底是进步了，还是退步了，并检讨个中原因。

你的补充

人生大试场

人生就是个考场，

我们在其中要天天答问题。

—— 梁锡华《四八集》

不要以为中学或大学毕业后便可放下书本笔记，踏出校门便与考试从此永别。其实，人生每个阶段都是一次考试：求职要考试，晋升要考试，常规的工作评核要考试，进修要考试……不由得你愿意与否，我们的生命每分每秒都充斥着考核，都充满着挑战。就连以考核为己任的教师同业，也无时无刻接受不同的考核。

学生时代的我，十分羡慕当老师的，不用考试，只会考人。有时给老师考得累了，考得狂了，便向天立誓，将来毕业后一定要当老师，把学生考个翻天覆地。哪知要担当教师，第一关要过的又是考试。入教育学院，不考试人家怎样决定是否取录你。有机会做老师了，以为在课室这个小天地里便可八面威风，一切事情都由自己一人任意主宰；哪知随后踏进课室的不是教育署的督学官员，便是校长或科主任到来视课。他们整堂课目不转睛地留意着自己的表现，又在记录中批批改改，好大的压力。还有，我们的学生每秒钟都在考验我们的教学能力、管理能力及训辅能力等等。教育行业如此，其他行业如是。

　　每次考核都可能是改变我们人生的"机会"，也可能是"危机"，其影响力之大可说是举足轻重；但反过来看，正由于人生充满着考核，充满着机会，所以一两次的失败不足以决定我们的一生。无论今天是成功还是失败，跟将来都没有必然的关系。对于考试这种"矛盾"的性质，我们或许可以这样面对：考试时，全力以赴；考试后，轻松接受。

个人反省

＊你是如何面对/如何教导学生面对每次的考试及其结果？过分紧张，过分轻松，还是在两者中取得平衡？

＊你有没有用考试的心情面对自己的人生？

具体实践

＊尝试改变一下，以被考者的心情来拟题，看看效果是否有所改进。

你的补充

II 战前装备法

战衣A　战衣B

各走极端

中庸之为德也，

其至矣乎！

——《论语·雍也》

励仪大学毕业后便到一所中学执教。由于她在大学的成绩不错，夏校长——一位慈祥及有理想的长者——对她寄予厚望，让她执教会考班。这件事令玉芳很不高兴。玉芳是该校创校的元老，校内上上下下都要让她五分。任教会考班以来，成绩一直都极不理想，但由于她认为教会考班是一个肥缺，谁也不敢在这件事上有任何改动。夏校长到任后，亦唯有静候时机。这回见励仪到任，便把玉芳原来执教的三班会考班的其中一班拨给她，玉芳只教两班。

由于与玉芳甚有交情，教务主任便把成绩最差的那班丙班交由励仪担当。励仪初来乍到，工作起来自然战战兢兢，每天工作得很晚，与玉芳这位准时"消失"的老前辈成一强烈对比。励仪用心教书，又关心学生，这样一来令玉芳所教的学生对丙班的同学羡慕不已，但丙班对励仪的观感却不是这样。由于丙班的学生多较懒散，现在励仪这么紧张他们的学业，自然引起反感。每当被老师责备几句后，他们更会以上课喧哗，欠交功课等行动来表示不满，让这位新任老师的工作百上加斤。

会考放榜那天，励仪一早便回校看成绩，而玉芳今年居然也留意起学生的成绩来，准时回校。当玉芳知道丙班的成绩比自己任教的两班的成绩还要差劲时，便幸灾乐祸，对励仪冷嘲热讽一番。励仪见自己花了这么多心血却换来这样的结果，便忍不住心中的泪水。夏校长于是安慰她，指出对教学漠不关心固然不是，揠苗助长也未必有效。他答应，明年给她机会，让她可以改进自己的教学方法。

个人反省

* 就教学态度及方法来说，你觉得自己像玉芳还是励仪？再问问你的学生和同事的意见。

具体实践

* 暑假有空学学园艺，从中你可体会到过于疏懒或过于频密地施肥浇水，对植物来说都不是一件好事。暑假后回校，用园艺中悟出的道理去改进自己的教学态度和方法。

你的补充

所 为何事

有学习的动机才有学习的行为。

准备考试的最佳方法，是要自发地学习；要自发地学习，必先要有"动机"。"动机"是学习的原动力，它既非"刺激"，也非"目的"，它是一个相当不明确的心理学名词。人类的行为，常被复杂的动机所影响，但大致可分为"内在"的和"外烁"的。就教育而言，如果学生感到需要而热心学习，是为"内在"的学习动机，例如想搜索资料而去学电脑。如果学生为了怕教师责罚而用功读书，为了有好的考试成绩而挑灯夜读，是为"外烁"的学习动机。"外烁"的学习动机虽然效果不持久，但若能运用得宜，也可收到短期之效，故亦有其一定的教育价值。以下是一些经过实验证明，可激发学生"外烁"的学习动机的可行方法。

首先是"奖励与谴责"，也是教师最常用的板斧。经实验证明，惩罚最初可能会见效，但其功效却会逐渐下降；奖励的效果则较持久，副作用也较小，所以教育界现在多鼓励同工使用奖励。第二，让学生及早知道他们的成绩也可产生推动力，所以考试后尽早派回试卷是非常重要的。第三，是为学生树立一个工作目标，有了目标他们容易有成就感，但切勿将目标定得太高，令他们工作至筋疲力尽。第四，凡事也给学生定下时间限制，比如交作业便是；否则，他们难以主动完成任务，只会日复日拖欠"债务"而已。第五，多安排小组讨论也是推动学习的好方法；不过，由于观众情境对学习动机同时具备助长及抑制的作用，所以在进行时，我们要留意利用助长，避免抑制。最后是竞争，所以比赛也是一种相当有效的方法。

个人反省

* 你是否会利用"外烁"的学习动机来改良课室的学习气氛?

具体实践

* 选取上述五种办法的其中之一，试验它对教学成效的影响。

* 一班利用奖励，另一班利用谴责，记录及比较两者教学的成果。

你的补充

有趣吗？

一个人所有的兴趣几乎全是由学习得来，
无一不是逐渐养成的。

—— 威廉·詹姆士

我们既然知道学习的动机有"外烁"和"内在"两种，而"外烁"的动机又没有"内在"的那么持久，所以，发展学生的"内在"动机才是长远之策。"内在"的动机主要建基于"需要"和"兴趣"。心理学家马斯洛在他的人类七个需求层次中，对"需要"的动机已作了相当详尽的讨论。现在让我们探讨一下"兴趣"在教导上所扮演的角色。

"兴趣"可分为直接和间接两种。直接的兴趣是与生俱来的，如女孩子喜欢洋娃娃便是。间接的兴趣是学习者本来对该事物不感兴趣，但因为它与自己感兴趣的事物相关，所以才产生兴趣。例如电脑本不为学习者所喜好，但学习者为了通过电子邮件与远方的亲友通讯便学习电脑；因对目的（与亲友通讯）感兴趣，也愿意学习达到目的的手段（电脑），日子久了，对于手段本身也会感兴趣。所以，直接的兴趣可以产生无数间接的兴趣。教师的任务正是要扩张学生的间接兴趣，使原来学生不感兴趣的教材兴趣化，这才是教学的上乘。

要引起学生的兴趣，首先教师要他们认清学习的目标；如果他们知道自己的学习目标和活动价值，便会激发学习的兴趣与需要。现在，不少课本在每课的开始都会列明该课的学习目标，背后隐藏着的就是这套理念。其次是要令学生享受到成功的满足，教育家盖兹说："没有什么东西比成功更能增加满足感；也没有什么东西比成功更能鼓起进一步追求成功的努力。"第三是学习情境宜富变化，这是针对人类另一种内在的动机——好奇。教师大可利用现今的电脑科技，制造各种声色俱备的教材来激发学生这方面的学习动机。

个人反省

* 你平时有没有着意栽培学生的"内在"学习动机？例如向他们解释清楚学习某个学科或课题的目标及作用所在。
* 你是否只关心学生的学业成绩，而忽视了他们的兴趣？

具体实践

* 以两三位成绩较差或缺乏学习动机的学生为目标，调查他们的兴趣所在，并尝试以他们的兴趣为基本，令学科学习发展成他们的间接兴趣。

你的补充

打针

避免比疾病更坏的医治。

——《伊索寓言》

我们是有生命的；要成长，便要营养。同样，学生的知识生命要有增进，也需要营养。教师是学生的"营养师"，他的职责便是烹调一些营养品使学生的知识生命有增进。不过，如果学生还未吸收足够的营养便要赶着去跟人家比试"才智"，作为"营养师"的，要么就是叫他等到水平提升后才去应试，要么就是给他一些具副作用的刺激素，让他不正常地急速成长，以应急时之需。两者中，大部分教师、家长和学生都宁愿选择后者。

在人类考试史中很早便有人炮制这些含有副作用的刺激素、催化剂。在中国科举时代，贡士们为了应付科举已是奇招百出，例如在预备策文时，把前科中举的试卷张贴在墙壁上，作为揣摩；还有把资料分门撮成字条，放入蓑衣格中。这些情况，吴敬梓在《儒林外史》描述马二先生时表现得淋漓尽致。用现代的说法，马二先生是一位编写会考必读的人士。他做文章、选文章倒是说得头头是道，也是一等好人，但他却不知李清照、苏若兰、朱淑真；他又认为西湖"那湖光山色颇可以添文思",但一旦到了西湖,却只看那些"疤,麻、疥,癫"的女人。试想一位只在字面打滚,只记些死知识的腐儒所编出的东西,对学生来说有什么营养呢?

语文科最能体验这种弊端。语文教师最希望学生背诵范文,尤其是那些韵文,因为读书破万卷,下笔如有神。不幸地,考生只疯狂地死记那些"时文"而不读原文,以致产生语言污染,但他们还以为这是很好的营养品呢!

个人反省

＊你给学生的是"营养品"还是"刺激素"? 若是后者,为什么这样做? 是否想过这样会为学生带来什么影响?

具体实践

＊把教材中的"营养品"和"刺激素"分开;加强"营养品"部分,排除"刺激素"。

你的补充

漏斗惊魂

学而不记，

是枉然的学习。

成桂生性十分聪明，成绩也佳，尤以数学为著。每次考数理科时，他都有一个古怪的习惯：当他浏览完整份试卷后，他不是立刻作答，而是由最基本的假设把有关公式推演出来，然后才利用这些公式来答题。他常常取笑那些同学在试场门口还拿着一沓沓公式背诵，说他们"死读书，读死书，终会读书死"。他认为读书最重要是理解，切不可死记，尤其是数理科。凭着这个宗旨，他果然在会考的数理科中获得优异的成绩，最终亦能顺利入读大学的数学系。

一年后，有一天他垂头丧气地回到母校，以前那种自信也不知哪里去了。他静静告诉我，转读了社会学！当我追问缘由时，才知道不是他的智力出现退化，而是他在考试作答时沿用中学时的方法，由最基本的假设推演出有用的公式。但不幸的是，大学的试题当然比中学的深奥繁复得多，试想想，要从最基本的假设推演至解决大学试题，所走的历程有多远；但时间是有限的，结果考试成绩当然不理想。

不少人对"背诵"都存有误解,认为"背诵"是不经过理解把知识强塞进脑袋内,是不健康的学习方法。诚然,这种学习方法确是不健康,但这是"死记",不是"背诵"。真正的"背诵",是讲求理解和经过消化的记忆,而这种记忆在学习过程中是一个十分重要的环节。试想想,如果学了多少随即忘掉多少,好像漏斗一样,我们的学习岂不是徒劳?其实,只要我们教学生不要只停留在记忆这个层次便可。此外,我们更要用一些方法来巩固学生所学到的,如利用卡纸,多用形象化的教学法等,都是一些行之有效的方法。

个人反省

＊你有没有因为对"记忆"心存成见而不自觉地误导了学生?

具体实践

＊尝试把教材分出大题目、分题及细目等一个个层次,并用缩排的方法使它们的层次突出,印成讲义派给学生,看看能否令学生对教材有较好的掌握。

＊在每节讲课将结束前预留五分钟,与学生重温刚才上课时所讨论过的重点。

你的补充

有层有次

万丈高楼从地起。

　　达贤在中学时是数学奥林匹克的选手。大学数学系毕业后为了储点钱出国留学，便回母校执教。开学不久，他的启蒙老师朱老师见他很是沮丧，便到他跟前聊聊，看个究竟。

　　达贤一张嘴便埋怨现今的师弟师妹程度低，想不到相隔数年便表现得这么不济，例如中二级的学生连证明等腰三角形两个底角相等这么简单的一条定理，教来教去也无法掌握。朱老师问他，学生可知什么是三角形，达贤答道："那当然知道！小学三年级已经学过了吧！"朱老师再问："他们能否明确地告诉你，直角、等腰和等边三角形的区别在哪里？"达贤搔搔头颅，有点迷惘，说道："虽然他们可以分辨这些三角形的形状，但要明确界定它们之间的区别，似乎有点困难了。""问题就在这里！"朱老师接着说："你的学生对三角形只停留在认识的阶段，他们只知道有各种三角形，但尚未理解它们的区别。你应该先教懂他们明确地说出这些三角形的区别，然后才进一步教他们应用已掌握的知识去证明一些定理。你不依循一定的层次，越级而上，是不能教好学生的。"

无论任教哪一科，都应该依循这个"知识的层次"，就是由认识、理解、应用、分析、综合及评估，一步步把学生的知识提升。让学生永远停留在认识阶段固然不该；不体谅学生的知识程度，在他们对某些知识尚未好好认识或理解时，便强对他们作分析或评价等层次较高的要求，更是不该，是教学的大忌。

学期结束，达贤向朱老师辞行。他决定不出国，而是到教育学院进修，准备把他学到的数学知识与师弟师妹分享。

个人反省

＊你是否有把教材依知识层次分类后才教授给学生？

具体实践

＊尝试把教材依知识层次分类，然后重新安排，由低而高地按序教学，看看是否事半功倍，学生较容易吸收。

你的补充

麻将英雄

没有合适的环境，

再好的种子也不可能长成苗壮的幼苗。

　　当梅姨从厕所回到麻将桌前，心中那点歉意令她低声说了一句："我们可会妨碍青儿温习吗？"因为她刚才在走廊见到青儿在厨房门口，伏在地上，倚着一张矮脚凳在幽暗的灯光下做功课。梅姨相当热衷于打麻将，但由于她的儿子成绩欠佳，她从不在自己家中邀人打麻将，所以成为青儿妈家中的常客。青儿妈一听，正中下怀，既有机会夸耀一下自己女儿的成绩，又可借势奚落他人的儿女。于是她便清理一下喉咙，吊高声调回答说："啊！不用介意，我的青儿科科A，不必为她担心。"青儿在走廊的另一端，清楚地听到一字一句。每一个字仿佛一个锤子，敲打了她一滴滴的泪水。因为正如梅姨所担心的一样，这些噪音确实妨碍了她温习；而事实上，最近青儿的成绩渐走下坡，明天的测验她更是没有把握。

　　终于，测验不再是A了。青儿抱着歉意，诚惶诚恐地把成绩单递给正在耍乐的母亲。青儿妈没有把视线移离麻将桌半寸，随手便在成绩单上签名。这时，青儿在母亲的耳边低声说："不再是 A 了。"青儿妈听后，起初有点错愕和不快，但冲口而出的却是一句："你读的是名校，即使是最后一名，在普通学校亦算是名列前茅；何况你现在考的也不错呀！"青儿妈为的只是如何挽回自己的面子，从没关心过青儿成绩欠佳的原因。

青儿幸运吗？这么容易便过了母亲这一关。我看并不，因为她没有一个了解自己学习需要的家庭。幸运的是，青儿的班主任及时发觉她的成绩起了变化，于是主动接触她。当老师了解一切后，本想劝劝青儿妈的，但深知难度甚高，于是干脆安排青儿放学后留在学校温习，并给青儿更多关注。以青儿的资质，只要学习环境改善，自然会有好成绩。

个人反省

*你了解班中多少个学生的家庭状况？算一算其百分比。

具体实践

*尽量抽空，多与学生倾谈或做家访；尤其对近期在成绩或行为方面有较大变化的学生宜多加注视。

你的补充

行 行重行行

行百里者半九十。

——《国策·秦策五》

　　黄老师批改完练习簿，路过学校的自修室时，遇到衡健正在埋头温习。衡健是一个非常勤奋的学生，他的成绩在班中亦算中上。不过，自这个学期开始，他的成绩一直处于胶着状态；无论如何加倍努力，成绩始终无法突破，这令他很沮丧。

　　在学习心理学中，衡健现正处于所谓的高原期（plateau）。每个人开始学习某一门知识时，由于好奇心的驱使，觉得有新鲜感，故学习动机甚强；但当时间长了，对该门知识有相当程度熟悉后，新鲜感减退，学习便出现呆滞。这时期至为危险，因为学员会失去学习动机，完全没有学习的趣味，学习变成一件苦事。凡是到达学习高原期，学员往往会失去再努力的欲望，意志消沉到极点。最可怕的是学员对自己失去信心，以为自己没有用，结果是对自己愈心急，愈是一筹莫展。如果处理不当，学员便从此对学习，起码是对目前无法逾越的学科失去信心，失去兴趣。许多学生为了考验或表示自己还有能力，容易在这个时候误入歧途，做出破坏性甚至不法的行为。

黄老师告诉衡健现在可以做的，首先要相信高原期是一个正常现象，并非自己的能力出了什么问题，对自己要有信心，鼓励自己继续努力，不要灰心丧志。无论任何一座山，绝不会有无边无际的高原；只要耐心前进，终会有再次升高的时刻。这个时期最怕是孤军作战，所以最好能够找到学习伴侣互相鼓励，必定有所帮助。只要不气馁、不急进，现在的低潮可成为下次飞跃的踏脚石。

个人反省

* 你班中有没有学生遇上学习高原期？你如何帮助他/她？

具体实践

* 把遇上高原期的学生组织起来，成立学习小组，让他们彼此勉励。

你的补充

再世贾宝玉

不要埋没孩子的智慧，
要把它好好发挥。

不知是谁的恶作剧，上课时总是用小镜子把阳光折射到黑板附近，干扰老师上课。高老师已留意了多天，最后查出是坐在窗旁的小明所为。不过高老师没有揭穿小明，只把事情默记在心，因为他认为惩罚不是解决问题的最好方法，特别是小明在他心目中成绩相当不错。

他翻查了小明的过往成绩，发现小明在他任教那科的成绩非常卓越，但其他学科的成绩只在一般水平。若是各科成绩俱佳的学生，高老师会毫不犹疑地向校方推荐，让学生跳班，免得浪费光阴。但像小明般只有一两科成绩超卓，其他只属一般的学生，高老师会劝谕他们减少时间在卓越的科目上，而花多点工夫应付其他科目。但据以往的经验得知，效果多不理想。较幸运的，学生在各科的表现始终如一，依然故我；较不幸的，便是其他各科既无改进，而对本来成绩卓越的科目也兴趣大减，以致弄巧成拙。

为免重蹈覆辙，高老师决定今次改变策略。首先他与小明作了一次详谈，了解他的意向，并向他提出以前尝试过的方案，问他是否愿意尝试。最后他们订出一个议案，就是小明上高老师的课时，他不再是听课，而是协助高老师作小教师，遇有同学对课业不明白时，小明便个别向他们解说；放学后，高老师便教授小明一些程度较高的内容。这样，小明一来不会再在堂上觉得沉闷而作无聊的恶作剧，二来也可尽量发挥其潜能。

自此之后，小明对学习变得加倍投入，最后还顺利升进大学，继续修读他那心爱的学科。

个人反省

* 对于无心听课的学生，你是否会深入了解个中原因？

具体实践

* 尝试与那些不专心听课的学生详谈，找出原因，对症下药。

你的补充

口 诀能手

对症下药，

无往而不利。

谭老师以前在九龙城一所女子中学教数学。由于经验丰富，转入本校后，不论成绩优劣的学生，对他都相当拥护，尤其以女生为最。

有一年会考放榜，令我十分惊奇的是，有一位女生除了数学外，其余各科都考得不大理想。这位女生考得不理想倒不令人奇怪，因为在大多数教师心目中，这位女生的资质相当平庸，但令人费解的是她的数学竟取得优良的成绩。出于好奇，我便找这位女生问问，谭老师到底有什么独门秘方传授给了她。

原来平日谭老师会因应不同资质的学生用上不同的教学方法。以该女生为例，因为谭老师明白她的目的只是为了应付会考，将来并无打算在数理方面作什么发展，所以他在清楚同学的程度及学习困难后，便针对几位学数学有困难的同学，教她们念口诀去解决数学问题。由于这位同学特别服膺谭老师的方法，所以取得优良的成绩，而其他同学也考得相当理想。她还告诉我这方法只针对一部分同学，如果其他同学仿效，一定遭到谭老师的严厉斥责。

口诀用在运算中不是一件新鲜的事情，以前凡学珠算的都要熟念口诀。一位掌柜，不需要对数学有多大的天赋，只要熟念口诀，便可以骄人的速度，用算盘算出复杂的数式，甚至可与电脑比美呢！在我国传统里许多时候都会用口诀解决数学问题，如用"勾三股四弦五"解勾股定律，用韩信点兵的口诀解不定方程等。作为教师，我们可参考前人用过的方法，因应学生的程度和趣向，对症下药，自会有理想的成绩。

个人反省

*你平日是否会忽略成绩较差的学生，依旧用他们无法追赶得上的方法来教导他们？

具体实践

*尝试向任教较低年级的同行（最好是教小学的同行）请教一些他们的教学法，然后用这些教学法来教导一些资质较差的学生，看看是否会有较好的成效。

你的补充

乐而忘返

有能者也未必成功，
因还要视乎他是否"有心人"。

博文是一个聪颖而活泼的小伙子，精力旺盛，也相当好学。如果有人告诉他哪里出版了一本好书，他必定毫不考虑，要一睹为快，所以他的课外常识相当丰富。此外，他是三四个社团的活跃分子，并在不少公开比赛（特别是作文比赛）中屡获殊荣。照理他的学业应该有相当成绩，但却是不甚了了；更奇怪的是向来满口文采的他，竟然中文科考试不及格。

为此，中文科老师陈老师找博文来个详谈。一问之下，发现很大程度上问题是出于博文对正规课程的"蔑视"。起初博文不以为意，反问陈老师学习中文的目的何在。他个人认为学习中文只不过是为了写得一手好文章，如今他的文章获得社会人士的首肯和欣赏，已经相当足够了。雄辩滔滔的他还大肆批评现时中文科的课程与时代脱节，书本中所教的劳什子简直令人闷得发慌，应该大事改革才是。

经过一轮冲锋后，博文终于停了下来，这时，陈老师才不缓不急地跟博文说道理。他认同中文科的课程设计并不十全十美，但亦并非一无可取。除了兴趣外，课程设计要考虑的因素极之繁多，未如课外活动般可以把兴趣放在首要的地位来吸引同学。接着，陈老师取出博文获得亚军的一篇文章和一篇同期的冠军文章出来，叫博文分析一下两者的优劣。最后，发现博文稍逊的原因在于他缺乏正规课程中的知识和训练，知其然而不知其所以然，无法分辨二者何以较优，何以较劣。博文无计可施，沉默了。

个人反省

* 除学业成绩外，你是否会借着其他途径来发掘孩子的天分？

具体实践

* 只要有正确的学习目的，学生就会有学习的动力。尝试在班中做一个简单的民意调查，看看学生的学习目的何在；有需要时，可进行集体或个别讨论。

你的补充

打机一族

教导孩童，

开导比压制有效。

关老师今天放学后途经街头的电子游戏厅时，看见班中数个学生正在兴致勃勃地玩着游戏。起初关老师觉得有点不快，认为他们放学后不好好回家温习，而在这种场所流连，很不该！本来他想冲进去把这班小伙子揪出来，狠狠地教训一顿，但一转念，他觉得这样做似乎有点冲动，于是把这件事放在心头，加以盘旋。

经观察，关老师知道这班学生打完游戏后，经常都会到附近的一间茶餐厅吃小吃，于是他为自己安排机会，到茶餐厅去碰碰他们，一起又吃又喝。起初学生们觉得有点尴尬，但后来熟络了，又见老师不干涉自己打游戏，于是便主动约关老师了。关老师见第一步成功，便开始借着在茶餐厅的机会跟他们讨论电子游戏的事情，还教他们如何把课本的知识应用到游戏上，叫这班小伙子兴奋莫名；其后，关老师把讨论的内容逐步添加多些与课本有关的材料。渐渐地，这班学生对茶餐厅叙会的兴趣比打游戏还要浓厚呢！

关老师见时机成熟，便协助这班喜爱社交的"打机族"组织一个学习小组。他们温习的方式也犹如游戏般变化万千：他们有时把课程分成若干个单元，每人轮流担当小老师，负责讲学；有时一起做功课，遇有疑问时便一起解决；有时又定下一些学习范围，由各人回家准备，拟出一些题目来，在下次叙会时把问题提出，集思广益，共同解答。现在这班小伙子已经把兴趣由电子游戏机"移情别恋"至学习小组那儿去了，不过他们也会在试后聚在一起打打游戏，调剂调剂。

个人反省

* 对于一些妨碍学生学业的坏习惯，你是否只懂禁止，而没有设法帮助他们根治过来？

具体实践

* 尝试为喜爱社交生活的学生组织学习小组，看看对他们的学业是否会有帮助。

你的补充

屡败屡战

要将"失败"变成成功的经验，
必先要认识"失败"。

就我的教学生涯中，遇到重读生而后来发展得相当成功的，非玉娟莫属。她本来成绩相当卓越，但在会考时英文科一时失手，差点儿被摒诸大学的门外。现在她不但完成大学课程，留校担任助教，更远赴重洋深造。

她重读那年的学习态度给我留下一个深刻的印象。虽然她只是英文科的成绩欠佳，其余各科都有卓越的表现，但她重读时对各科都抱着一丝不苟的态度，认真地重学一遍。终于，皇天不负有心人，她在第二次会考取得相当优异的成绩。

许多教师都不大喜欢教重读生，原因非常简单。首先，不少重读生难以克服他们的自尊心，要与师弟师妹一起学习，心中总不是味儿，于是上课时总喜欢做些小动作。此外，因他们早已掌握了大部分课业内容，要他们重听一遍，未免感到烦闷，所以大多不甘于安分守己，专心听课，有些甚至会捣蛋滋事或挑战老师的学识。

多数人的意见和许多实验都不赞成学校当局采用留级制。在美国教育部门工作的奥图（H. J. Otto）指出，通常只有百分之二十的留级生其表现比未留级之前好，而表现得更差的却有百分之四十。有研究指出留级或将学生标签为"不及格"并不能有效地作为学生奋勉向上的动机。所以被迫留级的学生，一般不会像玉娟般奋发向上。要有效地帮助重读生学习，我们可先了解他们到底掌握了什么内容，请他们当小老师，也许是方法之一。

个人反省

* 你喜欢教重读生吗？为什么？

具体实践

* 面对重读生，首先给他们一些测验，看看他们掌握了哪些课业内容，然后才拟出教学方案教导他们。

你的补充

一鸡三吃

在向新的知识领域进展的步骤之中，一个重要的现象，就是常常会把不同领域里面的知识结合在一起。

—— 杨振宁《读书教学四十年》

每当会考后，总有些任教会考班的教师沾沾自喜地告诉学生，今年又猜中多少条试题，仿佛马评家的口吻。但最要命的是大部分会考生会埋怨老师没有好好地为他们猜题，温了的，不考；没温的，却偏偏出个正着，害得他们浪费了不知多少个通宵。不少任教会考班的教师，既害怕自己没有猜题的能力，更担忧学生的考试成绩。他们似乎需要恶补占卜星象多于本科知识。

其实要猜中试题并不困难，不过用上这一套无益于学生，因为某年不考的东西并不表示它不重要。我会教学生先对整个课程作有系统的掌握，因这有助他们记忆，即使会考过后也不至于把所学的忘掉，这样才不是为考试而读书。还有，我会教他们如何把温习过的东西运用在答题上，如此我便不必理会某年会考会出什么试题，我的学生也会用同一方法去学习、温习，心情轻松得多了。

就中文科而论，我喜欢把范文分成两大类。一类是文论、文学史之类的东西，姑且称之为甲类；其余各篇则归入另一类，称之为乙类。我把甲类视为大纲，而乙类则作为印证甲类理论的例子。当某年会考是依甲类范文出题的话，我的学生不但可以引用这篇范文，而且懂得引用乙类有关的范文作例子；如果出乙类的范文，又可以用上甲类范文的理论。这样，他们的答卷总比其他人的丰富，温习过的东西都可用上，没有白费。

其实学科间的学习也是一样，历史与中文、数学与物理、地理与经济等等都有密切的关系，可互相补充。还有，我们应该教学生学习如何一学多用，举一反三，帮助他们读通所学，这才是令他们"致胜"之道。

个人反省

* 你认为猜题是教师的职责之一吗？若是，你是否有因某年为学生猜不中试题而心感内疚？

具体实践

* 把为学生猜题的时间和精力，好好地用来重新组织本科的材料吧！

你的补充

个别教学法

凡事也有正反两面,
绝对的肯定和否定都是忌讳。

　　个别教学法是相对于整体授课的另一种教学模式。由于整体授课的最大缺点是不能照顾学员的个别差异,个别教学法的出现正好弥补这个缺点。

　　以前,个别教学法确是一项十分奢侈的投资,只有富家子弟才有机会以这种模式学习。在具有现代模式的学校未出现之前,甚至私塾未出现之前,富有的人也会请些宿儒为家庭教师,个别教导他们的子弟;当中,应以太子最有资格接受个别教育了。但说也奇怪,王室中人往往会选出若干位与太子年龄相若的贵族陪伴太子一起学习。由此可见,虽然整体授课有许多为人诟病的地方,但他们这样做,显然明白到个别教学也非十全十美。古人认为:"独学而无友,则孤陋而寡闻。"这种言论当然是出于对个别教学法有所保留。

　　根据现代的教学系统化理论,可把个别教学法归入四种形式,即:一、纸笔式的编序教学;二、个别式的多媒体教学;三、小组教学；四、电脑教学。在电脑这么普及的今天，是最有本钱去谈个别教学的了，特别是教育当局现正大力提倡资讯科技教育，在这方面投入了不少资金。在北美以至西欧，电脑辅助教学的研究可以说是与电脑科技同步并进。今天这些地方不论大学、中学以至小学，都用上不少教育软件进行个别教学，反观香港只在起步阶段而已。不过，在陶醉于这些新科技的当儿，站在教育前线工作的我们一定要保持头脑清晰，不要忘记个别教学法是有其本质的缺点。

个人反省

＊你是否留意过学生在课堂学习以外的社交生活，也会影响他们的学习？

具体实践

＊利用资讯科技教育的同时，要关注学生的社交及团体生活。

你的补充

通达教学法

每个人都有潜能学成一件事，
只是学习的速度不同而已。

如果有一位医生，他定期量度一批正处于发育期的孩子的高度。如果有孩子长不到目标的高度，他便用一部机器把他拉长，务使他跟其他孩子的高度一致。如果这孩子经过多次这样的处理，即使没死，他的健康也不会好到哪儿去。

你也许会觉得这位医生十分残酷，但作为教师的不正是每年重复着同样的工作吗？只要学生符合所谓的升级标准，不论他是否已掌握了该学年的全部知识，他便被升级的机器拉长，与其他同学一起往上升。如果每年他都有一部分知识尚未学好便升级的话，日积月累，有一天他会发觉自己已无法再应付新的事物，最终落得留级收场。但现有的留级制度只是让学生把最后一年未能掌握的知识重新学习一通，至于早几年尚未掌握好的东西皆一概不理。

我们或会认为学生未能将学校授予的知识好好掌握，是他们天生的智力使然。如果我们真的这么想，认为智力的高低早是命定的，我们还需要教育吗？所以教育心理学家布卢姆（B. S. Bloom）认为除了患有病态性的先天缺陷的人外，其余几乎所有人都可以学好中、小学阶段所要求的知识。所以他倡导一项"通达教学法"（或称"精熟学习法"），把传统的考试功能改观。考试不再是把未能达到标准的学生淘汰的工具，它的功能是要指出哪些课程目标学生尚未达到，教师便有责任去寻找适合他的方法，和鼓励他多花时间去学习，总要使他迎头赶上。考试既非一种淘汰的工具，不会让学生在学习过程中产生挫折感；积极方面，考试还可为学生带来成功的经验，成为他们终身学习的动力。现在香港提倡的"拔尖补底"也许是由这套理论而来的。

个人反省

＊学生成绩不好，你认为问题出在教师？课程？学生？教学法还是其他？

具体实践

＊暑假时，为那些勉强升级的学生开设补习班，帮助他们弄通一些尚未掌握好的学科知识。

你的补充

皮格马利翁

当你想象可以做到，
那你便可以做到。

皮格马利翁（Pygmalion）是希腊神话中的角色名字。他是一名雕刻师，曾用象牙精心塑造了一个他认为是世上最美丽的姑娘。由于他对这座雕塑倾注了自己的所有心血与深厚的感情，最后竟然感动了上帝，使雕塑获得了生命。

如果我们倾注所有心血在学生身上，认为他们是可造之材，我们是否也可以梦境成真呢？这是一个很具争论的议题。为此，哈佛大学的心理学教授罗森泰（R. Rosenthal）在 20 世纪 60 年代末做了一个实验，研究教师对学生学业成绩期待的效果。他宣称设计了一个心理测验，可以测出哪些学生属"大器晚成"；然后借着这个测验，在一些小学生中抽出最"优秀"的人才，并把名单故意向教师泄露。其实这个测验只是一个普通的习作，而那些"优秀"人才只是随机选出来，所以他们的言语能力和推理能力与其他学生其实是差不多的。但由于教师不知个里，所以对他们有所期待。经过八个月的教育指导，罗氏再作一次测验，发现这班备受老师高度期待的学生，在学业方面均大有进步，其中以低年级的效果尤为显著。

心理学家哈洛克（E. Hurlock）也曾做过类似的实验。她选了一些数学程度相等的学生，分为四组。第一组受赞扬，第二组受责备，第三组知道有同学受赞扬和责备这回事，第四组什么也不知道。最初，受赞扬和责备的组别在学业上均有进步，第三组也略有进步；但时间久了，第一组的进步更加显著，第二、第三组却退步了，而第四组的成绩亦稍有下降。

罗森泰的"自证预言"虽很富争论性，但多奖励学生，相信学生可以成材是错不到哪里去的。

个人反省

＊你相信每一个人都可成材吗？

＊在你的教学生涯中，是否用过带有贬损意味的词汇评价学生？

具体实践

＊可依哈洛克女士的实验，自己再做一遍。

你的补充

谁 与争锋

不要用孩子的痛苦，
来换取自己的虚荣。

　　这是多年前的事了。某天我在报纸上看到一则新闻，记载的是葵涌区首次出现了会考女状元。这是一则令人振奋的消息。由于我曾在葵涌区任教，所以对这则新闻特别关注。当我再往下看，发现校名和考生名字都是那么熟悉，不错！那是我曾任职过的学校，考生也是我曾经教过的。理应有些荣幸，理应令人更加振奋才是，但我那时竟适得其反，冷了半截。

　　以前的回忆在我眼前一幕幕浮现出来。那时我任教中文科，那位女同学就读中三。她坐在课室的最后排，十分文静，所以并不引人注意。但由于她品学兼优，并身兼班长之职，所以我对她有些印象。她是个名副其实的"紧张大师"，每次临近测验或考试前，都显得非常紧张；当收到成绩，得知自己名列前茅时，便会显出如释重负的神态。起初我觉得她未免功利了一点，这么看重分数。

　　一天，我正在教员室批改作文时，突然有一双手映在我的眼前。

这双手，印有一斑斑血红的籐条纹，我随即举头望过去，只见那位同学掉头便跑。她原来是班长。我立即把她叫住，追问究竟。起初她不愿意说什么，经多番追问，终于愿意透露真相：因为在最近一次数学测验的成绩只得了第二，被父亲痛打了一顿。

她那年会考幸而取得状元之名，方可免受折磨。在我眼前的那则报道，当时变成了斑斑血红的籐条纹。

个人反省

＊你是否对学生的期望过高，以致对他们过分苛求？

具体实践

＊平时与学生接触时，多留意他们面对考试时是否受到外力的压迫。如果是，设法为他们消解。

你的补充

Ⅲ "完美"的考核

主客分明

各有所长，
互补不足。

　　传统的考试多是采用论文式的考核，但它的缺点是评分时的主观性太强。现代的科学发达，凡事都要客观，人们便借助数学为工具来突显论文式考核的效率和信度殊低，所以不论心理学家或教育家都倾向于拟制客观性的试题。

　　首先我们要明白测验之所谓客观性，只仅就评分的形式而言；而测验的内容，并无客观与主观之分。即就评分而言，其所谓客观性，亦只能避免阅卷员的主观评分，但未能避免拟题员的主观意见。对于任何考试，拟题员的答案是否适当，甚至所谓的正确答案是否正确，还是可以商榷。

　　回忆式（如填充题）和再认式（如是非题、选择题、配对题等）都属于客观性的试题，但这些试题形式至今都无法取代主观性试题，即使公开试也有保留论文式试题，主要是客观性试题还存在着许多缺点。首先这些试题的答案早已确定为唯一的，以致扼杀学生思考的发挥。其次是要求的答案十分简短，所以在同一次考试中，要求大量的题目，以致每题所考的内容十分零碎，容易令考生忽视考核内容的完整性，以及各部分之间的连贯性。如果拟制这些题目的人没有接受过专门训练，具高水平的技巧，这类试题容易流于只考验考生的记忆，而考生也容易趁机取巧，尝试猜题。

论文式的题目对于测量考生的可用知识，某些思维项目、工作习惯和研究方法等都较有实效。而最重要一点就是许多研究报告都一致指出，试题形式是会影响学生研读课业的方式。换言之，如果教师在考试中包含有论文式的题目，便会鼓励学生在学习时多作大纲、摘要，并且去找出课业内容的关联性和日后动向；如只拟制客观性试题的话，学生多不会以这种方式学习。

个人反省

* 在平日考试中，你是否设法把主观的成分减至最低？

* 你对主观性或客观性试题是否心存偏好，而在设题时只偏重某类型的试题？

具体实践

* 尝试利用不同的考试形式，去改变学生研习课业的方式。

你的补充

开 开合合

封闭的试题使考生容易适从；

开放的试题让考生自由发挥。

除客观性及主观性外，试题还可以分为封闭式（限制回答式）及开放式（自由回答式）。一般而言，客观性试题都属于封闭式，主观性试题则属于开放式。从心理的角度来说，封闭式又称为导向反应法，而开放式则属于自由反应法。

不要以为论文式的试题就一定是开放式。如果我们想保留论文式试题的优点，减少它的缺点，不妨多给它一些限制，减低它的自由度；换言之，令它较为客观，相对地增加它的信度和效度。譬如说，传统语文科考作文，我们多是用命题作文，给考生一条作文题目，便任由他们海阔天空，自由发挥。现在一般改进了的作文试题，多是除了题目外，再给考生一些导向性的条件，即不是完全开放式的，以增加试题的信度。又如历史科，也增加了一些所谓资料题，借着所提供的资料指导考生作答。只要把范围的宽紧度拿捏得准确，这便成为一道好的试题。

除了每一道试题需要留意它的"开合"外，整份试卷的开放程度也是值得注意的问题，也就是说，是否容许有选题这回事。在公开试中，因为它包揽的范围比较广，当中有一两道试题可能是考生未能兼顾到，所以大多容许有选题；不过，选择太多又会降低信度。最佳的办法是设有必答题，或者在一份卷中分成两三组，考生在每组中都要选答若干题目，这样既可让他们有选题的自由，也不会影响试卷的信度。

个人反省

＊拟题时，你是否会留意试题的开放程度？

具体实践

＊把一两条以往曾经出过的开放式试题加上一些限制，看看考出来的信度是否有所提高。

你的补充

矫枉过正

"背诵" 不是教育的敌人。

在中文和历史的会考年报中，我们不难找到以下语句："多默诵模拟答案"，"概念模糊，思路混乱"，"组织及分析能力薄弱"……因此，在许多人心目中，文科似乎是要死记的；至于理科，顾名思义当然要理解啦。固然，模拟答案充斥坊间，面对会考，应付理科的虽然也有借助这些答案，但由于可利用千变万化的数据来设题，模拟答案对考生来说不是那么管用。但若要文科的题目也利用不同的数据，似乎不那么方便，所以往往激发到考生努力背默模拟答案，甚至最具创造性的作文题也可照单全收，一字不漏地背默在试卷上。这也是许多人认为文科生只晓得死记，因而轻视他们。

文科教师为了改变人们这种观感，所以尽量减少考验学生需要记忆的部分。最明显的例子莫过于把答题时须运用到的资料大量印在试卷上，文学卷把原文大量印在试卷上便是一个很好的例子。其实好的范文，特别是韵文，是有需要要求学生自小背诵的，因这对培养他们的文学节奏是很有益处；如今却因噎废食，实是不该。背诵范文是语言学习一条正确的途径，在语言心理学中也有它的理据。污染我们的语言，只是背诵模拟答案，而非范文。不容置疑的是，记忆也是学习中重要的一环，经过理解的记忆有什么不好？

因此，拟题时，如果有东西是学习某科时必须学生背诵的话，教师便无须害怕受他人批评而不考；更重要的是设法拟订一些考生无法借助模拟答案作答的试题，例如"解难"的题目，从而矫正他们的学习习惯。

个人反省

* 你是否会因潮流嘲讽"死记"，便连本科中最重要的东西也不要求学生背诵？

具体实践

* 对于本科中重要的东西，在向学生解说过后，一定要迫使他们牢记。

你的补充

合 纵连横

学生应试，要事前温习；

教师拟题，也要事前的规划。

　　大家都知道，每次考试的试题，都是从考试大纲的母体中抽样出来，所以，拟题员应该使他所抽取的样本（试题）尽量能代表它的母体（考试大纲）。要做到这点，事前的准备工作是必不可缺的。首先我们要依着考试大纲，编制一个考试蓝图。蓝图可以是一个二维的表格：在横向栏内，列出大纲中要求考生须学懂的学科内容，即知识范围；在纵向栏内，可把考生须掌握的学科技巧和能力列出。以中国语文科为例，现在的课程都是以范文为主，所以横向方面可列出各范文的编目，纵向则写上我们要求考生在该篇文章中应掌握的技巧和能力，例如字词解释、句子结构、内容领略和欣赏等。

　　有关知识范围，我们只要依据考试大纲即可；至于能力的表现，各科可能有不同的要求，但论其一般性，我们可以依教育心理学家布卢姆把学习水平分为六项，即：认识、理解、应用、分析、综合和评估。最理想的，当然是每次考试也能考核到学生这六方面的知识，但有时未必可如愿以偿。譬如文学科，我们要考验考生的评估能力，就是对某一篇范文的欣赏能力，但考生往往只背诵某些文评家的评语，而我们又无法防止他们这样做，以致原想考验考生某一水平的能力，通通变成了知识能力，这是我们要特别留意的。至于知识范围方面，譬如我们去年已选取了某一篇范文，今年又应否再选呢？这也是拟题员常常提出的问题。我的意见是原则只有一个：只要是最基本和最重要的知识，便不忌重复，每年都出也无妨。切勿与考生捉迷藏；为求难倒学生而罔顾基本知识的试题，不是好的试题。

个人反省

* 拟题前，你是否会先作出一个蓝图来?

具体实践

* 新学年开始前，先作出本科的蓝图。这样，讲课和拟题时都有所凭借，你会觉得较为轻松。

你的补充

试题深浅入时无

试题要广泛照顾到成绩不同的学生。

一项考试，若是测验考生某科知识的多寡（如史地、常识），这是就考试的广度言；一项考试，若是考查考生某种能力的高低（如计算能力、阅读能力、证题能力），这是就考试的深度言。一份试卷的难易度，便是由这两个元素调节而成。如果试题只考验学生一些较为基本或常识性的知识，又或只要求学生利用简单的推理步骤便可解难，我们说这是一份浅的试卷。如果试题测试学生一些较为专业性的知识，又或要求学生运用到较高的学科技巧、较复杂的解难步骤，我们便说这是一份深的试卷。

要评定一份试卷的难易度，以考生的成绩来计算最为准确。不过，我们如果要利用这项考试作为一种工具，便要预知这件工具的性能。若是客观性的试题，如选择题，我们可以透过预测的手续来把它标准化。经过标准化的试题，我们既可把不合标准的题目淘汰，又可清楚知道试题的难易度，用起来很是方便。至于主观性的试题，特别是论文式试题，较少会预先将之标准化，这样，试题的难易度便唯有依靠拟题教师的经验来判断了。

试题的好坏，既要看它能否囊括学科全部重要的教材，又要能适应当地考验学生对该科的能力；但更重要的，是它的"识别力"。所以，一份有实效的试题应包括各种不同的广度和深度，而且题目的排序要由浅入深，这样可提高它的"识别力"。

个人反省

＊你是否拟订过一些试题，当中考生都获得很高的分数，或是全班不及格？你认为这是一次好的考试吗？

具体实践

＊试利用上文提及的广度和深度，拟制一些适合你的学生的试题来。

你的补充

选 择题的选择

骰子对好的选择题起不了作用。

多项选择题（MC）是客观性试题的一种。由于它的答案明确，评分比较客观，易于标准化，所以一般心理测验或倾向测验多采用这种设题形式。现在一般学科考试为了提高其客观性，也在试题中加入若干选择题，以调节它的客观度。

一道选择题是由题干（stem）及提供项（option）组成。提供项以四项为佳，其中包括一项正确项（key）及三项诱误项（distractor）。拟订选择题所要求的技巧比较高，不过我们也有些方法。

一、直接法：根据大纲和教材所要求掌握的基本概念、基本规律和基本技能进行构思，拟出正确项，然后环绕着这个正确项拟出一些与它稍有出入的选择，成为诱误项。

二、变形法：若某一事物是可以从不同的侧面、不同的角度来叙述或分析的话，可把部分陈述或分析变成诱误项，只保留一个正确项。

三、改装法：把常规的填空题、证明题等改头换面，把原来的正确答案保留为正确项，然后将它稍作改动，转变为诱误项。

四、罗织法：记录平日学生常犯的错误作为诱误项，并把正确项加上即可。

五、合成法：在提供项中包括一项"以上答案都不对"，也是一种常用的方法。

如果考生不用看提供项，只看题干也能答题的话，这便是一条好的选择题。

个人反省

*你是否有在同一次选择题的考试中，各题用上不同数目的提供项？

具体实践

*将一些以往出过的非选择题，依上文其中的一个方法改成选择题。

你的补充

开卷有益

表面容易的东西，

实际上未必如此。

　　有些考试，我们会让考生带若干资料进入试场，如书本、对数表等，即所谓"开卷考试"。这种措施原本是与考试行政相违背的，但奇怪的是，开卷考试多是由教师提出，而多半学生又不愿意接受，是否他们要在老师面前惺惺作态，以显示自己循规蹈矩，勤奋好学呢？

　　开卷考试的设立，最主要是排除有些考生在推理、分析、综合、解难等方面都表现出色，唯独因记忆力不灵光而落得"惨淡"收场的情形。其实我们在试题内提供部分资料给考生，已是迈向开卷考试的第一步。换言之，这种考试形式，其重点是要考核学生的推理、解难等层次较高的能力，而非着重记忆，所以即使可携书入场，这种难度较高的考试亦不会太受考生欢迎。

　　从考试行政方面来看，开卷考试也是高明的一着。说句实话，防止学生考试作弊是一门不小的功课。学生的"机灵聪敏"，加上手机等科技的配合，实在令教师队伍疲于奔命，增加了不少负担。既然考生要层出不穷想出作弊的妙法，而教师又要千方百计见招拆招，何不来一招釜底抽薪，大大方方的让考生携带资料进场应考，看他们还有什么板斧可施？

今天，只要透过万维网，便轻而易举地获得大量资讯，这些都可转化为有用的考试材料。由此种种看来，我们今后可多考虑这种考试形式，必定获益良多。

个人反省

＊你是否遇过开卷考试？当时你的身份是拟题者还是考生，你的感觉如何？

具体实践

＊对于并非必须记忆的资料，可在试题中尽量提供给考生。

你的补充

试题银行

好的东西，

切勿用过后便把它弃掉。

　　每时每刻，学生都要经历无数次的测验和考试，很辛苦；但他们可知道教师也要经历同等次数的拟题？每次拟题都花上教师不少心血，如果让它只用上一次，实在太可惜了。因此，有经验的教师或多或少都会把这些试题的部分或全部储存起来，建立自己的私人试题库。如果教师在储存之余，将这些试题加以整理的话，它的意义便远远超出一个普通的试题库了。

　　未经过应用的试题，它的难度、识别力、信度和效度等都是无法确知的，这些都只能靠拟题员的经验加以预测。经过应用的试题便大大不同了，以上所涉及的种种指标，都因经过应用而获得确切的数据。凭着这些数据，我们可以更有效、更准确地在下一次考试中用上这些试题。

　　有了电脑科技配合，要建立这样一个别具参考价值的试题库就方便得多了。每题除了记录试题的内容和答案外，还可记下满分量和评分参考；至于曾应用过的试题，我们还要记录其难度和识别力等资料。经过这些手续，我们便可以有足够的数据让应用者参考，便于随时抽取合用的试题。为了节省时间和精力，我们还可联同本科的教师共同建立和分享试题库的资源，将小小的私人试题库扩展成具规模的"试题银行"。

个人反省

* 考试过后，你怎样处理你的试题？

具体实践

* 与学校同科的同事一起携手建立本科的试题库。

你的补充

诊断式拟题

对事情了解得愈透彻，

做起来会愈完善。

　　考试除了有甄别的功能外，"诊断"也是它的重要长处。教育诊断的过程有五个层次：一、哪些学生有困难？二、所犯错误何在？三、何以发生错误？四、应用什么方法矫正？五、如何预防错误发生？针对前三个层次，考试绝对是可以胜任的。

　　平时我们多会留意考试的"甄别"功能，所以通过考试我们大可找出哪些学生犯了错误，且多少可以指出所犯错误何在。但何以发生错误，因为与甄别无关，所以往往被忽略了。要考试具备这方面的功能，便要有较高的拟题技巧。虽然这会花上拟题员更多的心思，但如果用上了，所得的考试效果便可倍增。

　　诊断式的试题以导向式为佳，因为开放式所得的结果可能性太多，不好掌握。导向式之中，尤以选择题最为普遍。我们可以预先假设考生会犯哪些错误，把这些错误用在诱误项上；如果考生真的选了这一诱误项，便可清楚地知道他何以犯错。

譬如我们为小学的算术科设一题，以考验学生对通分的了解：

$\frac{1}{2}+\frac{1}{3}$ 等于：A. $\frac{1}{5}$；B. $\frac{1}{6}$；C. $\frac{5}{6}$；D. $\frac{2}{5}$

它的正确项是 C。如果考生选上 A，表示他以为通分就是把分母相加；如果选 B，表示他以为通分就是把分母相乘；选 D 的话，则表示考生误会通分是把分子和分母分别相加。借着考试这项功能，教师便可清楚知道学生为何犯错，并把他们的错误概念明确地指正出来，防止他们重蹈覆辙。

个人反省

＊你认为考试只有"甄别"这唯一的功能吗？

＊拟题时，你是否会兼顾到考试的不同功能？

具体实践

＊尝试就本科拟订一些诊断式试题，以改进自己的教学。

你的补充

俄 罗斯轮盘

考试不是一场诡谲的游戏。

考试有时间限制，任何一次考试都无法把整个考试大纲吸纳，所以每份试题只是从整个大纲中抽样出来的样本而已。由于选取过程完全取决于"人"，故少不了会主观，有偏差。既然这是无可避免的缺点，情况自然就可以理解和原谅了。最要不得的是有小部分教师，竟以为考试是用来显示自己的能力，炫耀自己的权威，往往与学生捉迷藏，设法拟订一些学生猜不到的题目。这跟学生玩俄罗斯轮盘一样，是十分危险的玩意儿。

拟题时，主要是抽取考试大纲中最基本、最重要的项目，即使无法将整个大纲囊括其中，也应该尽量做到反映它的大部分。这样，教师或会碰到一个问题：去年出过的重要问题，今年应否再出？答案是：既然重要，不妨再出。于是有人会问："这样，学生岂不是很容易猜透我们所出的题目么？"我认为他们不是猜到，而是学到，学到学科中什么是最基本、最重要的项目。学生既然能够分辨出哪些是学科中最基本的项目，就是说他们对这科已经掌握了，这不正是我们要教授他们的东西吗？既然如此，为什么还不让他们及格？

　　以上是拟订校内试时应注意的地方；至于公开试，教师或会遇上另一个问题："我们应否替学生猜题目呢?"公开试的考试大纲涵盖面相当广，我不会告诉学生今年可能会出哪些项目，因为这同样跟玩俄罗斯轮盘没有什么分别。我会贯彻始终，只给学生指出最基本、最重要的项目。

个人反省

＊你是否把考试看作是对付学生的一种有效工具？

具体实践

＊参照考试大纲，尝试在你的试题中包含多些最基本、最重要的项目。

＊拟好试题后再细阅一遍，将无须考验学生的元素删除，譬如为了显示教师的学问才华而用上的深奥词语。

你的补充

只 识之无

凡事都可行，但不都有益处。

凡事都可行，但不都造就人。

——《圣经》十章二十三节

　　罗老师是大学中文系的高材生，他一毕业便在一所颇有名望的中学执教，并且在晚间兼读教育文凭。

　　由于他执教的中学颇有名望，要求自然较高。以罗老师的才能，虽是新入行，亦足以应付。但可惜的是他还要抽出两个晚上进修，一有假期又要回教育学院听课。姑勿论一个人的工作效率多高，一天的时间已是固定的了，因此，罗老师在批改学生的作业时，有时难免会显得有点马虎。别的作业也不成问题，但默书可不同，错一个字就是错一个字，漏一个字就是漏一个字，无从抵赖的。于是，一向机智过人的罗老师，每逢默书课，只要求学生指出在某段课文中有多少个"的"字或"么"字等，数目对可取满分，接近的便依次减分。这样一来，他便可在批改默书方面省下很多工夫和时间了。

　　有一天，教育学院的导师来视学，并看看罗老师批改的作业。当他看到默书时，起初有点错愕，以为罗老师要兼教低班数学。罗老师在导师追问下，便称他在大学的教授要他们特别留意虚字的运用，又说什么"之乎者也以焉哉，学得精通好秀才。"导师听罢已经明白了这是怎么一回事。首先，他嘉赏罗老师的国学了得，然后表示对他繁重的工作深有同感。不过，他最后也是最重要的，便是叮嘱罗老师凡是设题考验学生，必定要以学生为中心。

个人反省

* 备课和拟题时，你是否以学生的利益为大前提，还是会贪图方便而改变了这个初衷呢？

具体实践

* 拟题前，先想清楚自己想考验学生什么，是否与所教过的课业配合，以及透过考试，想从学生身上知道什么信息。

你的补充

未 测先知

教育岂止于记忆呢!

 有一年,黄老师担任会考班的数学老师,也是他们的班主任。他非常勤奋,每天都给学生相当多练习,也常常测验。面对老师接二连三的挑战,同学之间也表现得非常关照。对于数学科束手无策的女生,许多时候都会一早回校,借男生的练习"参考"。全凭这种团队的合作精神,她们才得以打发平日习作这一关。

 至于测验考试,黄老师由于恐妨一些陌生的题目会吓怕学生,所以试题全是由平日的习作中照本宣科,一字不漏地抄出来。由于女生们明知自己的数学能力比人吃亏,现在既然知道老师的测验是从平日的练习中抽出来,所以每次测验前,她们不是好好地去磨炼解题能力,反之乖乖地把练习答案背得滚瓜烂熟。以前学校的设备没有那么先进时,试题多写在黑板上,所以每次黄老师还没有把题目写下大半,这班女生已经几乎把整条答案默写完。至于男生,则要待老师把题目写完后才开始构思运算,而每次测验的成绩都比女生为逊。"请枪手者"比"枪手"的成绩还要好,似乎有点讽刺。

但好景不长，这班女生的会考数学成绩当然是全军尽墨。黄老师好心做坏事了。所以我们拟题时，除了试题本身，还要留心外在因素，不要使考题测试出来的结果，与我们本来想考核学生的期望有太大出入。数学试题多是考核学生的解难能力，现在竟变成测试记忆力，你说还有什么意思可言。

个人反省

＊你对文中黄老师的拟题方法有什么意见，你的做法跟他相同吗？

具体实践

＊由于知识的层次许多时候都可转化为记忆，所以拟题时不要出得那么直接，务使考生不能单凭记忆便可作答。

你的补充

7.318064952

我们在争论影子的当儿，

往往失去了原物。

——《伊索寓言》

朱老师在大学主修数学，他对理科尤其是工科的兴趣不大。他觉得数学是注重逻辑推理，较具体的也是演绎算式，至于那些劳什子的数字，他相当讨厌，认为处理数字是那些机器如计算器、电脑等的工作，如果让它们来麻烦我们的脑袋，真是天下间一大浪费。

朱老师任教会考班的数学科，教书十分尽责，讲授也相当清楚，所以甚得学生拥戴。会考前，师生都满怀信心，暗地里盘算取得多少个优和良。但当考试过后，不少同学都表示没有信心，因为他们发觉计算出来的答案，很多都是一些古古怪怪的数字，很不齐整，于是他们花了很多时间反复计算，希望求出一个整数，结果时间就此浪费了，致令无法完成整份试卷。

放榜了，结果与学生担忧的一样，令朱老师大失所望。朱老师不明白问题出在哪里，于是便请教科主任谭老师。原来朱老师在平日的习作及测验时均犯了一个毛病，便是每条题目的答案都是整数。

久经训练后，学生变得只接受整数，并以答案是否为整数作为对错的指标。由此可见，除试题形式外，答案形式也应尽量多元化，避免学生自行建立一套不合情理的答案准则。

个人反省

* 你的试题是否有一些偏向，成为学生答题的指示或准则？

具体实践

* 细心查看自己所拟订的试题和答案形式是否多元化，是否能防止学生自行建立一套武断的答题标准。

你的补充

局 校相见欢

局校同心，

其利断金。

考试是有它的局限性的。考试在评审方面即使做到尽量客观，但拟题时总无法摆脱它的主观性。此外，由于考试是有时间限制的，它不能在一次考试中把整个考试大纲全部考核，只能作抽样测量，于是便引出统计上的偶然性；即是说，每次考试的考试值与考试大纲母体的真值有一定的偏差。考生准备的课文与该次考试的考试值是否一致，便影响他的考试成绩与他真实成绩的偏差。况且考生在规定的环境、限定的时间和监督气氛下，整个人的心理状况都受到影响，尤其是记忆、推理和思维方面。

这种情况以公开试更为显著。考试局由立局至今都不断谋求改良。由于社会人士不断指责考试对考生造成沉重的压力，所以曾经设立中、英、数三科的基本能力测试考卷，让成绩较差的考生也可以有一纸文凭赖以谋生。记忆所及，最后却由于雇主对此不予以肯定，而考生中也没有哪一位愿意坦然承认技不如人，结果是无疾而终。

　　不知是否临近千禧年，抑或考试局成立了检讨考试制度的专责小组，近日有关考试的改革方案纷纷出炉，例如建议把行之有素的教师评审分数制度（TAS）的比重加大，并扩展到各科上；又有建议在中五、中七公开试的试卷中，定出基本能力范围，只要学生在某一个范围内取得及格成绩，便可考获 E 级，而不像以往那样"拉分"，以清楚显示学生已具备的基本能力。所以，如果一方面我们把TAS扩展至各科，并酌量增加比重，另一方面在同一份试卷中准则参照与常模参照并用，双剑合璧，局校携手，相信可从此打破"一试定终身"的局面。

个人反省

＊你对公开试的改革持什么态度？你考虑的先决条件是什么？是工作量，还是学生的利益？

具体实践

＊加大学生平日功课及测验的成绩比例，以减轻他们面对期考的压力。

你的补充

IV 严明的青天

工模必备

好的"工模"可保证制成品的品质一致。

我们都知道试题有开放式与封闭式。如果试题的封闭程度如是非题、选择题甚至填充题，我们可利用一些工具如电脑等来批改，无须经过人手。但我们在拟订试题后须订出一个"工模"——标准答案，作为批改时的规范。

对于较为开放的试题，我们便不能这么机械化，而要依靠一些对本科有一定专业知识的阅卷员去评审试卷。但每个阅卷员评分都会有宽紧之别，未能一致，所以也需要在拟订试题后，订出一份评分参考。这份评分参考以前也有不同的称谓，但最不该是将之称为"模拟答案"或"标准答案"，因既然是有限度开放的试题，所以每位考生的答案应有所不同，即无"模拟"或"标准"可言。

有了一份评分标准也不能杜绝阅卷员的主观成分，还要借助统计。在公开试中，考试当局收集了每位阅卷员的评分后，便为他们个别计算出一条曲线，然后把每条曲线加以调整，再依调整后的曲线来调整阅卷员所评定的分数。手续虽然繁琐，但借着电脑科技，所有程序都变得简易了。有了以上的步骤，我们既可保留论文式试题的优点，同时又可把它的主观性大为消除，从而提升它的信度。

　　最后尚有一点值得注意，便是待阅卷员批改若干样本后，进一步改进评分参考，以免遗漏了部分要点。

个人反省

* 现在学校一般都要求拟题教师出题时，要附上一份评分参考。但当你批改试卷时，有没有认为它是一项因循的工作而不重视它？

具体实践

* 与几位同科的教师合作，尝试利用文中提及的评分方法，减低阅卷员对开放式试题的主观评分成分。至于用统计的方法，也许要麻烦数学或电脑科的同事帮忙了。

你的补充

判 若两人

有了人，

世上再没有绝对客观这回事了。

子文、子宇两兄弟就读同一所中学。哥哥子文成绩优异，作文更经常获奖，而弟弟子宇的成绩比哥哥逊色。邱老师是教语文的，他前年曾经教过子文，今年就教子宇。在一次作文课中因时间限制，所以他出了题目后便容许学生改天交卷。派回作文了，当一向成绩平平的子宇接过卷子看到分数时，初时显出有点诧异，接着便忍不住露出一丝奇怪的笑容，暗忖自己虽然得分平平，但却可轻易"过关"。这个表情，完全投映入邱老师的眼帘里。回到家中，邱老师心中仍然盘旋着为什么子宇会有这样古怪的反应。想着想着，他开始觉得子宇那篇文章有点稔熟，好像以前见过似的。

终于给他想起来了。两年前，学校曾经举办作文比赛，他是用同一个命题的，而夺魁的正是子文。糟糕的是为什么在批改子宇的卷子时没有想起呢？如果当时能跟子文的那篇对一对就好了！现在，邱老师处于一个十分尴尬的局面，他应否揭发子宇抄袭呢？如果把事情公开，代表他要向同事和学生公布自己的评卷有前后矛盾的问题；如果隐瞒事实，假装不知情的话，岂不是纵容子宇这不忠不实的行为？实有违良心及教师的职业操守。

最后，邱老师还是硬着头皮，跟他的科主任孔老师商量。孔老师劝告他应首先为学生设想。作为教师，明知学生作弊而不加以指正便是失职，这是不对的。至于同一篇作文前后打分不同，其实一点也不稀奇。教育家莱安（W. C. Ryan）曾指出："在英文考试中，当评卷员对一年前评阅过的卷子重作评分时，其两次分数几乎可以是完全相反的。"人是有思想的动物；有思想，便不免会主观。作为评卷者可以做的，唯有设立一个机制，尽量将主观成分减至最低而已。

个人反省

* 你是否意识到一般论文式的试题，批改时其主观成分相当重？

具体实践

* 凡批改论文式的试题时，切忌只打一个分数；尝试把它分成若干个重点，依重点打分，然后加起来。

你的补充

改卷逍遥游

心平气和，

才可显出公正。

我们也知道批改开放式的试题少不了会含有一些主观成分，但问题是我们怎样把这成分减至最少，这是每个教师都要探讨的一个重要课题。

要批改试卷时尽量保持客观，最起码的要求便是在拟题的同时订出一份评分参考；这点现在一般学校也会做到。还有，便是在改卷前最好先阅读课本中与试题有关的资料，因为评分参考只是列出重点。批改时，最好是一气呵成地批阅试卷上的某一道问题，然后才批阅另一题。这样，我们既可比较每份卷同一道问题的答案，较易作出公平的决定，又可在阅卷时只记忆有关试题的要点，避免因太多兼顾而引致混乱和遗漏。同级同科的教师每人分别负责批改全级的其中一两道试题，也是一个可行的方法。

如校对般拥有自己的一套符号也有帮助。先将评分参考看一遍，默记在心，再回头查核试卷中是否已写下详细的事实；一边阅卷，一边把符号标记在相关部分，然后依评分参考，按其优、良、可、中、劣，在答案旁边打下碎分；最后把碎分加起来便可。

其实我们只要修养己身，凡事保持客观，心平气和，切忌烦躁，很大程度上已可保持改卷时的客观性。这只是一般的原则，老生常谈而已。

个人反省

＊改卷时，你是否会意识到要设法把主观成分减至最少？你采用了什么方法？

具体实践

＊不妨利用一个长假期作一个实验。取一叠卷子，依上文的方法打分；相隔一段时间后，用同一方法再次打分，看看两次所给予的分数是否相若，并与传统的评分方法比较，看看哪种方法的效果较好。

你的补充

凡 简必扣

时间是真理最好的朋友，
偏见是真理最大的敌人。

—— 科尔顿

为了确保评卷的质量，考试局有抽查试卷的制度。有一次我们发现有一份中文试卷答得蛮不错，但得分却很低。我们再仔细分析一下，这份试卷的文笔和内容都足以取得优异成绩，但可能这位考生是从大陆来的，所以满纸都是简体字。阅卷员却没有依照评分参考，凡是简体字便扣半分，因此，大好的分数便几乎给他扣得精光了。

我们请了这位阅卷员来跟他商量。起初他辩称这些不是什么简体字，而是满纸错别字。他认为一位考生即使文笔再佳，这么多错别字，他的中文水平必定有问题。不过，按照评分参考的指引，即使是错别字，应扣去的分数也是很少的，由此可见，那位阅卷员在评卷时根本没有依照评分参考，只凭主观判断行事。后来，我们更找来大陆及新加坡的简体字典来，与卷中的简体字逐一对照，还这位考生一个公道。

一般论文式的试卷，不免会受到阅卷员主观的因素的影响而有偏差的评定。许多研究都指出，考生之所以得到超过他应得的高分，是因为他们的书写字体较佳，较整齐清晰而已；也有些阅卷员会被论文试卷中文法的正确性所影响。更有趣的一个研究指出，一位字体整齐的阅卷员会对一篇字体潦草的试卷给予很低的分数；相反，如果这位阅卷员本身的字体不大齐整的话，便不会被试卷的齐整与否所影响。

　　无可否认，人的行为和价值观多少也会受其个人喜恶所影响，但为了客观而正确地反映学生的学习水平和能力，我们在评卷时，实在有必要多作自我提醒，摒弃主观，并严格遵行评分参考的指引。否则，不论学生的学习能力有多高，试题的设计有多周详，一切都是枉然。

个人反省

＊你可曾因一己的喜恶而对某些试卷作出不公平的评定？

具体实践

＊在拟订评分参考时，尽量多请些有关同事参与及提供意见，务求将个人的主观成分减至最少。

你的补充

手下留情

公平和仁慈，虽然都是道德的原则，
但两者却往往是不相容的。

—— 厄姆森

　　张老师一踏出教育学院便开始执教鞭。她为人比较感性，对学生关怀备至。我想，这么一位充满爱心的老师，一定会受到很多同学的拥护。岂料上学期小考过后不久，张老师任教的一个班的学生气冲冲地来找我，投诉她偏心，某同学的成绩虽未及水准，但她却私下给他加分，让他及格。

　　我当然不能只听一面之词，但不用我主动约见，张老师已哭着脸来到我的办公室诉苦。她觉得非常失望，自己这么爱护学生，却换来这样的误会，说她偏心。我问她是否真的私下加了某位学生的分数，她直认不讳，并说这误会全出于同学不明白事情的真相才会产生，自己根本没错。那位同学因处境特殊，所以才给他"人情分"；如果任何一位同学遇上这一处境，张老师保证会同样"公平地"加分给他们。她更强调，加分给那位同学是他们二人之间的事，她又没有扣除任何同学的分数，真不明白同学为什么这么小心眼，

102

不接纳她的立场。

我首先赞赏张老师对学生的关怀，亦无须她透露那位学生的半点隐私。不过，我告诉她这样处理考试是不恰当的。考试是一种比较，所以这不是她跟那位学生之间私下的事情；如果她私下加了某位同学的分数，其实是"相对地"贬低了其他同学的成绩。她如果想帮助同学，应另择他途。

个人反省

* 你是否曾因出于同情而随意改变评分尺度的宽紧？你认为这样做对其他学生公平吗？

具体实践

* 每当你担心分数低会对学生造成不利，企图多打一些分数以起鼓励作用时，应设法打消这个念头，改用另一种方法来帮助学生。

你的补充

10 · $\sqrt{\quad}$ （X）

"及格"一词，

不知愚弄了古今中外多少位教育界人士。

不知谁人创造了"及格"与"不及格"这两个名词，真的造福家长和雇主不少。家长在成绩单上看到"及格"二字便可放下心头大石，无须再为子女费心；雇主一看到"不及格"三个字便可对那位申请人不屑一顾，无须再腾出一丁点宝贵的时间与对方纠缠。不过，大家可曾想过，"及格"与"不及格"的背后，其实隐藏着什么意义呢？

人们习惯了把一份答得圆满的试卷给 100 分，而未达水准的，多界定为 60 分以下（也有以 50 分或 40 分为界线的）。我们往往有一个疑问：如果说 60 分及格，为什么只是 1 分之差的 59 分便算为不及格？太严厉了；那 1 分与其他的 1 分在意义上为什么会有这么大的分别？

大多数教师平时都是用"等距"的数字表达形式来打分的，即学生得一分便给一分。不过，以这种方式来表示学生的知识能力，就意义上是存在着一些问题的。因为等距尺度其实是没有一个真正的零点，我们不能因为某生某科的成绩是零，便说他对这科一无所知；我们也不能说 50 分是 25 分的两倍。

如遇上试题太深以致很多学生不及格，而教师想调整学生的分数时，以"等距"的方式来加分便会出现不公平的问题。例如某生已考得 100 分，加分后便会超出满额的 100 分，所以他最终依然只可得 100 分；但原本只得九十多分的同学，因为加分的缘故，同样也可获得 100 分，这样，对原本已考得 100 分的同学不公平。因此，有人想出了一个办法，就是把原本是直线变动的原始分数，用一条简单公式——"开方乘 10"，转换成指数曲线变动。这样，原本取得 100 分的学生，经调整后依旧是 100 分；原本是不及格的 36 分便转换成及格的 60 分。由此可见，"及格"与"不及格"其实不是那么绝对的。

一言蔽之，不要给平日我们所用的"不及格"一词吓坏了。

个人反省

＊你是否将"及格"的界线定得太死板、太僵化？

具体实践

＊若发现试题拟订得太深或太浅时，尝试用调整分数的方法，使所谓"及格"与"不及格"变得合理一点。

你的补充

考试的考试

一致性实贵如珠玉。

—— 莎士比亚

考试是一种测量工具，但测量工具本身的好坏也可以用一些指标来表示。譬如一把尺，当然是误差愈少愈准确，效用也愈高。同样，考试的好坏也可以用指标来表示。量度一次考试的好坏，大致有以下五个指标，即：信度、效度、难度、区分度和实用度，而这些指标又大多可以利用统计数字将之量化，精确地表达出来。

信度，指测量结果是否前后一致。例如一把好的直尺，它不会因温度变化而在量度同一件物件时前后出现不同的读数，但这把尺的刻度是否准确却是另一回事。信度高是维护考试公正一个很重要的指标。

效度，指工具能否把我们心中所期望的结果测量出来。如一把尺确能测出一件物件的长度，但如果我们用它来测量温度，它的效度便等于零。作教师的要特别注意这点，我们往往想考核学生的创造力、解难能力，但如果处理不当便会变成考验学生的记忆力，大大降低是次考试的效度。

难度指试题的深浅；区分度是看考试能否甄别出考生的能力。

不少人只会留意以上四个指标，但实用度对教师来说是同样重要的。试想想，无论一件测量工具多准确，但应用繁复的话，也称不上是一件理想的工具。考试的实用度须符合五个条件：易于施行、易于计分、易于解释与应用、价格低廉和编排适当。

依以上五个指标，我们也可以考考考试了！

个人反省

* 你是否只留意学生的成绩是否及格，而从没怀疑自己所拟订的试卷是否及格？

具体实践

* 每次出题后，尝试用以上五个指标来衡量一下试题。

你的补充

过气状元

荣誉就像玩具，只能玩玩而已，

绝不能永远守着它，否则将会一事无成。

—— 居里夫人

回想念中学时每逢会考放榜，我都会用羡慕的眼光来看看那些新科会考状元。这无疑是一种原动力，激励我们多用心读书。进入大学后，这种仰慕之情还没有消减。直至有一次，却给我发现了一个"秘密"，有一位备受大众艳羡的新科状元，校方要求他补考若干科目。当然，这位既新科又过气的状元，后来终于能够顺利毕业，在社会的表现也算过得去。但自那个时候开始，我便知道在公开考试十分成功的人，跟常人其实没有多大的分别。这事实只是告诉大家，他们在某个时期的表现较其他人好一点罢了。

其实考试，尤其是公开考试是有它的局限性的。首先是主观性，对于部分试题，我们可以做到评改时绝对客观，但无法做到拟题时绝对客观，即使是所谓客观性的试题也不例外。我们知道试题的内容是从课程的总体中抽样出来，所以，从某个角度来说，考试只是抽样测量，凡抽样测量多少总带有统计的偶然性。作为拟题员，唯一可以做的是让考试值尽量趋近于总体（整个课程）的真值。

　　其次是由考生本身所造成的偶然性。譬如他没有准备好要应考的试题，或者在应试时的临场发挥失准等，都会直接影响考试的成绩。备考与临场发挥都有它的偶然性。明乎此，我们不要把考试的成绩绝对化。

个人反省

* 你是否以考试成绩来标签你的学生？

具体实践

* 为学生设计一个二维坐标的成绩记录表。纵轴记分，横轴记时间，让他们看到在时间的洪流中自己何时进步，何时退步。

你的补充

配错鸳鸯谱

只要行政失当，
一切皆是徒劳。

　　回想我在中学念书时，我校校长的女儿是在一所女子名校就读的。听说她的成绩在校内是顶尖儿的，所以，爱管闲事的我们便非常关注她的会考成绩。但放榜当日，她得知自己的成绩相当低劣，受了极大的打击。幸而她的校长是会考委员，在追查下才发现原来是当局把两个考生的分数调换了！其实她的成绩相当优异。幸得学校帮忙，她才得回自己所应得的。

　　在电脑应用尚未普及的那个年代，一切考试事宜都是由人手处理，所以记录出错一点也不稀奇；即使现在整个会考过程得到电脑很大的协助，但谁也不敢夸口说不会有出错的份儿。所以谈到考试行政，严防作弊固然是一个很重要的课题，成绩的准确记录其实也有相当的学问。成绩记录失准，不但有违考试的公平原则，更会对考生造成很大的心理伤害。所以至今考试当局仍保留查卷及上诉的机制，以确保批卷或记录一旦出错也有更正的机会。

校内试的规模虽然远远不及公开考试，出错的机会也相对减少，但不要忘记我们利用人手处理的步骤也相当多。为慎防有任何错漏发生，教师可以在考试完结后先向学生讲解试题，然后才把试卷派回给他们，让他们查考一下老师有没有把卷子改错。学生预早知道自己的考试结果，则成绩表一旦弄错了，也可立即通知老师加以更正。

个人反省

＊你是否只注重拟题和评改，而忽略了考试行政的重要性？

具体实践

＊在可能的情况下，考试过后把试卷派回给学生查看。

你的补充

谁 人殿后

行动迟钝的人，

常把耽搁的过失归诿在比他更敏捷的朋友身上。

——《伊索寓言》

如果你的子弟考试"殿后"，在你痛斥他几句之后，他可能会反问："没有人殿后，哪里显出有人考第一呢？"你不要因他这么说而大动肝火，试仔细思量一下，他说的话也未尝没有道理。这不是鼓励学生不思长进，甘于堕落；但我们也要庆幸他在这个教育制度下仍抱有"阿Q精神"，觉得自己好像还有一丁点儿贡献，不至认为自己一无是处而自暴自弃。

评定学生的学习成绩通常有三种模式，即所谓：常模参照（norm referenced）、准则参照（criterion referenced）及自我参照（individualization referenced）。常模参照是以某一特定团体（例如学生的同班同学）为评鉴的依据，将学生的学习表现与之相比。这种模式多是现在公开试，或级中排名和升班等常用的方法。准则参照是以事前决定的绝对性标准为评鉴学生学习行为的依据，譬如要求学生能够了解某五十个汉字，学生答对三十个便有六十分。自我参照是根据学生过去的评量记录作为参照，就是学生只与自己比较，着眼点是看看他是否有进步。总言之，常模参照是人与人比，准则参照是人与教学课程比，而自我参照就是自己与自己比。

常模参照是现时公开试最常用的方法，但副作用很多。由于人比人，给比下去的便被视为失败者，即使他本人已有很大的进步，努力的成果也得不到认同；至于名列前茅的，则容易变得骄傲。最糟的是同学之间你践我踏，强化了人类的自私心理。

个人反省

* 以上三种评核的参照方法各有什么优缺点？

* 平日你多采用哪种参照方法来评核学生？为什么？

具体实践

* 为班中每一位学生拟订一个自我参照记分表。有进步的，奖励他一些写有鼓励话语的小标签；退步的，便给他警惕性的话语。

你的补充

未学行，先学走

与他人比较，

容易使自己产生不胜任感。

人与人天生便有很多差异，很不平等，教育正是消除这些差异的一个有效方法，孔子就是靠着这种有教无类的精神被尊称为万世师表。但考试却恰恰将这些差异突显出来，与教育唱对台戏。当中，以常模参照最为突显出人与人之间的差异。现在一般公开考试多用这种评分方法，它是用来选拔人才的有效工具。

其实，考试还有另一个功能，就是培训。由于公开试用常模参照的评分方法而引出种种弊端，有心人便想引入另一种评分方法——准则参照。远在 1976 年当江绍伦教授出掌中文大学教育学院时，他与谭添钜博士便提出了这套评分方法。他们在指出这种方法的优点之余，更指出推行时会遇到的困难。首先，这种方法十分繁琐，会增大教师的工作压力；其次，因为项目繁多，它所表示的结果莫说行外人难以理解，即使行内的同人也不容易把握。所以，最终他们只举办过一两次讲座，而没有高调地把这种方法向教育界推广。

近年教育署推出的"目标为本课程"便有类似的做法，但不幸的是，这个计划遭到相当多的反对。其实，推行"目标为本课程"绝对是正确的，但江教授二十多年前看到的问题——增加教师的工作量——至今未解决，以致民怨沸腾，怨声四起。所以奉劝教育署，如果想把"目标为本课程"办好，首先要减轻教师的工作量。

个人反省

＊有效的评分方法与工作量两者之间，你会选择哪一项？为什么？

具体实践

＊把"目标为本课程"的优缺点详列出来，并看看优点多还是缺点多。如果是前者，试设法争取把这些缺点除去，使它有实用价值。

你的补充

我 比我帅

与自己比试，

才是真正的较量。

    大家也知道考试给学生的压力很大，而且引起的副作用也不少。那么，如果没有考试，对教育岂不是一件好事？我想答案不尽然，因为事实上考试对教育也有正面的贡献。只要我们拿捏得宜，适当的压力是可以被转化成动力的，且有助激励及引导学生的学习。

    常模参照的评分方法所带来的压力，相信是学生最难面对的。无论自己如何努力，无论自己对考核课程多么有把握，只要一同参与考试的同侪的成绩胜过自己，自己便要落败，一点把握都没有。准则参照便好得多，只要考生能掌握整个考试课程，便可以获得应得的分数。但如果某位考生鉴于他的资质或者其他客观因素，而无法好好掌握整个考试课程，他必须想尽办法来适应那个已经固定的课程；有时候，所产生的压力也是考生无法承受的。

    自我参照的方法最理想。虽然它也带来压力，但只要考生的成绩比前次好，他便是在进步中，这可产生一定程度的鼓励作用；同样，即使他成绩很好，如果他的成绩比前次差，他就是退步，这样或多或少可避免学生产生骄傲的心理。

虽然自我参照是一种相当理想的评核模式，但它每每碍于资源有限，不是那么容易推行，例如教师的精力和时间便是；而且它在选拔人才方面也似乎派不上用场。如果我们利用它来配合个别化教学法，它便用得其所了。

个人反省

＊你认为在什么情况下最适宜采用自我参照的评分模式？

具体实践

＊当你想推行"个别化教学"或"通达教学"之前，先试试用"准则参照"的方法整理一下你的教材。

＊如果学校行政容许的话，尝试只告诉某班学生的某科成绩是进步了还是退步了多少，看看这对学生的身心和学业是否有所裨益。

你的补充

另类计分法

恒用已久的方法，

或许正是与真理背道而驰。

我们常常会碰到这样的情况：班中某生如果理科成绩超卓，他的总成绩往往可以是名列前茅，但如果是文科成绩卓越，排名则未必高。在一般人心目中认为，也许理科较难读，该生既然在理科有好的成绩，人一定较别人聪明，排名较高也是理所当然。

这种想法一点也不正确。造成这种现象，其实是因为某科成绩的差距比另一科的大，它便对总分整体的影响较大，而一般理科的成绩差距较文科大。试看看表一。它记录了四个学生中、英、数三科的原始分及其总和：

学生	中	英	数	总分
甲	46	47	98	191
乙	67	52	35	154
丙	75	73	4	152
丁	48	54	87	189

表一

学生	中	英	数	总分
甲	39.74	40.51	60.85	140.83
乙	56.48	45.51	44.57	146.56
丙	62.96	66.47	36.56	165.99
丁	41.09	47.50	58.01	146.60

表二

从表一可以看到甲生的中、英文科成绩虽然排名最后，但单靠一科数学考得优异成绩，便可在总分榜排名第一。相反，丙生的中、英文科成绩均列榜首，但因数学一科考得差劣，所以总分也是四个人中的最差。这无他，只因甲、丙二人的数学科成绩差距太大，达94分，而中、英文的差距则分别只有29分和26分，所以才有这种不合理的结果出现。

其实中、英、数三科的读数是从不同的试卷组读出，它们之间既无可比性，更无可加性。但大部分学校的做法向来是"有理无理"，为求简便，于是把各科的分数胡乱地加起来，作出总平均分，然后以此作为名次排序和升留级的准则，真是荒天下的大谬！所以，教育家麦柯尔（W. A. Mecall）便提出偏差值评分法，用数学公式把各个原始分转化成 T-Score。表二便是用这个方法计算出来的分数。你认为所得的结果是否较为合理？

个人反省

＊你的学校是用什么方法将各科成绩加起来计算总分的呢？你是否怀疑过它的正确性？

具体实践

＊试改良本科的计分方法。例如语文科，先把作文、默书等部分的成绩变换成 T-Score 后再加起来，以控制各部分在该科的总分有一合理的比重。如计算方面觉得繁复，可利用电脑协助。

你的补充

V 辅导强心针

我 是否已尽了力？

事难尽如人意，
但求无愧我心。

　　周老师是念工程的，去年他一踏出大学校门便来到我校，在中四执教数学，他教的班据说是全级最优秀的。仿佛把学校看作是自己的家，每天很晚才离去。周老师备课充足，勤改作业，每次上课时总是携上厚厚一沓讲义派给学生，离开课室时又带走一大堆练习簿。课余时，他也花上很多时间协助学生学习，有几次我还碰见他一面由洗手间走出来，一面跟身旁的学生大谈怎样解答数学难题。我暗暗的忖到把最好的班级交给他是正确的决定。

　　当学生升上中五，考过会考模拟试后，周老师仍是满有信心，相信学生定可取得骄人的成绩。会考放榜终于到了，不用说，周老师一早便回校等待成绩。奇怪的是当他看过结果后却郁郁寡欢。我好奇地把他所教班级的成绩拿来看看，数学科全班及格，有三分之一的同学还取得优良成绩，只是没有人拿到优异。对一般教了多年会考班的同人来说，这样的成绩也可接受，足以向学生交代，更何况他是初出茅庐的"新丁"呢！

不过，数天后周老师提出辞职。他说对教育事业确是抱有兴趣，尤其是教了书以后；但及至会考放榜，他的兴趣便由高峰降至谷底。对于事事认真、执着及追求完美的周老师，我非常理解他的想法和心情，但我告诉他我们不得不明白和接受，教学是一种互动的工程，它的成果须由多方面努力配合，不应由学生或老师单方面完全负责。若老师只管将学生的成绩优劣看成一己之责，莫说在学业上没法有效地帮助同学，就连自己恐怕也"救"不了。

个人反省

* 我们是否患了"害怕失败"的专业性残障，使自己的自发性（spontaneity）和创造力（creation）受到阻碍呢？

* 我们是否会"自视过高"，视自己的教学为影响学生学习表现的唯一因素？

具体实践

* 以一个应试成绩不大理想的学生为检讨对象，尝试把他/她成绩欠佳的原因一一列出，然后分析自己到底应负多少责任。

你的补充

夺魂铃

不要让焦虑把自己吓怕。

何妈妈一大清早便来到校门前等待姚老师回校。姚老师是何妈妈女儿——淑娴——的班主任，两人曾在家长会上见过面。何妈妈一见到姚老师便紧随她走入教员室，迫不及待地向她诉说淑娴的遭遇。由于期末考试将近，淑娴连日来便彻夜不眠加紧准备，但最近却弄得茶饭不思，接着是偏头痛，最要命的是频频失眠。昨夜她还整晚念念有词，细听下不外是反反复复那两句："糟糕！为什么念了又忘了?""完了，一定念不完，怎样办?"接受过辅导训练的姚老师听罢后，首先不慌不忙地安慰何妈妈一番；安抚她回家后，便把淑娴带到辅导室跟她细谈。

原来上一次小考，淑娴在考地理科时，有一题的资料无论怎样也无法想起来，以致该科成绩欠佳，心里耿耿于怀。淑娴这么介意，是因为她希望将来可以进入大学修读地理，然后找一份遍游世界的职位。淑娴非常害怕前次的惨痛挫折会重现，于是心中很是焦虑。考期愈近，心中愈怕，遗忘的东西也愈多，这叫她更害怕。就这样恶性循环下去，弄成今天的境况。

姚老师安慰淑娴说，这不是一个无法收拾的地步，只是焦虑作祟罢了。首先，要把令她焦虑的病源除去，就是她害怕遗忘。我们可利用各式各样的"助记法"来代替"死记"，比如加拿大的五大湖，人们就利用每个湖的首个字母拼成一个"HOMES"单词来帮助记忆。焦虑的病源去除后，便要用按摩、默想、深呼吸、逐渐松弛、自我控制等方法，彻底把焦虑治愈。

个人反省

＊你可有留意"焦虑"对学生的影响，尤其是试前的一段时间？你又用什么方法帮助他们消灭焦虑？

具体实践

＊学生应试前，试用上述其中的一个方法帮助他们纾缓焦虑的情绪。

你的补充

闹钟之宝

生命中每一件事，
都是在压力下完成的。

—— 伊期艾·柏林

面对考试感到焦虑不安是正常的，但这种不安的情绪是可令人进步的。有研究报告发现，凡是前途光明的人，都会对自己的工作及能力感到焦虑和不安。

焦虑本来是一种与生俱来，或后天养成的"警报器"，使考生对考试的压力具有导向的作用。没有道具"警报器"，考生往往只会明日复明日，尽量逃避面对书本，耽误了几许温习的时光。对于考试威胁不敏锐或容易防卫自己的考生，很多时都有这样的观念："横竖时间还多着啦，不必太紧张。"常常在临近考试前还以各种借口否认考试的威胁，以致警报系统发出危险讯号时已为时太晚。

在考前什么时候引发焦虑，效果往往有很大的分别。若时间适当，它会产生正面的效果；不适当的话，则会妨碍考生温习的情绪，直接影响应试时的表现。至于何谓"适当"的引发时间，则要视乎每个人不同的个性。有些人对焦虑较为敏感，有些则较为迟钝。其次要看考试的性质，例如考试的重要程度与举行频率。如果引发得太早，会夸张了考试的威胁；且时间长，学生容易三心二意，反而减低了警报系统的警觉性。但如果太晚了，又会令学生心中慌乱，有措手不及之感。

个人反省

* 你是否有因为担心给予学生太多压力而纠枉过正，让他们疏懒，不思上进？

* 你是否擅用焦虑，使它成为学生的学习动力？

具体实践

* 先了解学生的个性，再参考下一次考试的性质，然后在适当的时候为他们引发"警报器"。

你的补充

拍 拍胸膛

信心是日积月累的。

—— 王安

　　秀梅为人很沉静，常常把头垂下来，很少主动与别人交谈，说话时也总是小声小气；不论是什么集会或活动都只是独个儿躲在一角，静静观看别人活动。加上学业成绩一般，秀梅在班中是一个十分不显眼的学生，对数学老师关老师来说亦然。

　　但在一次智力测验后，关老师开始注意到秀梅，因为她的智力相当高，特别是数学的天分，但令人不解的是为什么她的学业成绩与之并不相称。查究原因，原来秀梅的母亲一早已经过世，其后母的两个儿子都成绩卓越，屡获殊荣。秀梅在家中则要负起沉重的家务以致温习时间不多，终致考试成绩不佳而对自己的能力失去信心。

　　关老师明白后便对秀梅指出，她有这样的表现完全是因为她的主观自我低于客观自我，即所谓对自己失去信心。要恢复自信，首先要清楚自己的长处与短处，不要苛求自己。要知道一次小成功将成为另一次大成功的基石，所以要敢于尝试。多记着过去的成功，忘掉失败。要从错误、失败中学习，然后把它摒除于心外。当开始做一件事时，对秀梅来说即是在考试前，先回想一下过去的成功，回忆过去勇敢的时刻。这样对重建秀梅的自信心有着莫大的帮助；加上她本身的天分，有好成绩自不待言。

所谓信心，是指主观自我与客观自我实际上的差距。主观自我超过客观自我便会自大，轻视一切；相反便是自卑，怯于尝试。一个考生的自我差距愈小，对他考试愈有利。

个人反省

*班中有没有欠缺信心或自大的学生？你如何帮助他们纠正过来？

具体实践

*利用心理游戏，让学生了解自己的优劣点，增加他们的信心。

你的补充

五 谷不分

假使人们的愿望都满足了，
往往会毁灭自己。

——《伊索寓言》

　　裕民的家境相当富裕，家长又是知识分子。他为人本质颇算纯厚，智力中上，勤于用功。因此，虽然就读名校，他从没有辜负父母的期望，由中一开始已名列前茅。但话说回来，这一点也不稀奇，因为他的父母为裕民安排了若干位补习教师。他所学的，主要已由补习教师预先教授了，回校只不过是为了测验、考试，表现一下个人成绩罢了。由于他成绩卓越，操行也不差，渐渐便养成一种傲视同群的个性。

　　赵老师是裕民中五级的班主任，也是学校的辅导主任。在裕民的家长、亲朋、师友对他的会考成绩抱有极高期望，预期他是"新科状元"之际，赵老师已察觉到裕民隐伏着一个危机：如果他真的成为"状元"，其骄傲之心必会进一步增长，对他将来来说不是一件好事；而且他的成绩是由相当多客观因素所造就的，一旦进入大学，一山还有一山高，而他不能保持考获全校第一的话，对他的打击一定会很大。

赵老师想出一个妙计来矫正裕民。会考过后，她鼓励裕民参加毕业营。她知道裕民平日娇生惯养，很难独立应付日常生活，于是在烧烤时，约定几位同学共同推举裕民负责生火。他起初以为自己的物理科了得，便一口答应。谁知实际做起来时，弄得满头大汗亦无法把火生起。经过多次类似的磨炼，终于令他明白到自己仍有许多不如人的地方。

放榜了，裕民果然考获"状元"，但他今次却用谦卑的心来接受。裕民，你真的毕业了！

个人反省

＊你是否曾因学生的表现出色而过分赞赏，以致他/她产生骄傲之心？

具体实践

＊遇到表现出骄傲情绪的学生，试找出他力有不逮之处，用事实向他证明他不是样样皆能的。

你的补充

我确了得

取悦人者往往也是个优柔寡断的人，

因为他总是费力地想知道别人希望他做什么。

—— D. L. Carlson M. D.

维任在考试前两天哭着脸来到杜老师面前，投诉他几位"好友"欺侮他。事情是这样的：原来平日维任的几个好友常常问他借笔记，他从来不敢说一个"不"字，因为害怕朋友不再跟他一起玩耍。但上次考试前，这班"好友"借维任的笔记至试后才归还给他，害得维任不及格。本来他也不敢追究，但在一次偶然的机会下听到这班"朋友"谈话，得知他们原来是妒忌自己成绩好，所以才故意把笔记拖延交还。维任听后十分愤怒，本来想立即找他们理论的，但又没有勇气。

另一次考试又到了。维任今次倒过来向这班"朋友"借笔记，他们一口拒绝。不擅辞令的维任与他们理论，反而给他们戏弄一番。维任按捺不住便跟他们大吵一顿，他们便与维任绝交。

维任是独子，家境不错，但父母没有时间照顾他，小学时只管把他困在家中，由佣人看顾，不准他交友。所以，他不能自我肯定，也不懂得应付别人，人际技巧很差。当别人侵犯自己的权利时虽然心有不甘，但又不敢说不。杜老师教维任在不愿意的时候，应该坦白地婉拒别人，例如礼貌地说："抱歉，我不喜欢把笔记借给别人。"试前有人约他出外消遣，应该坦白婉拒；老师派卷时，发现分数少了，也应该礼貌地争取应得的。与人相处，首先要肯定自己与别人是平等的；保护自己的权利，最有效的方法莫过于坦白而有礼的婉拒。

个人反省

＊你是否以顺服、事事听从己命为好学生的标准？

具体实践

＊为学生制作下表，让他们把曾作自我肯定的情境记录下来。

日期	地点	对象	自我肯定前的感觉	我说过/做过的事情	自我肯定后的感觉	别人对我的反应

自我肯定的情境

你的补充

零的突破

**天下间最困难的事情，并不是一时的登峰造极，
而是继续攀爬，继续提升。**

—— 米丽亚姆·卢贝（Miriam Lubow）

　　浩江是由大陆来港的青年，数理及其他方面的成绩都很好，唯独英文一科与香港的水准仍有相当的一段距离。莫老师是他的英文科老师，每当他上英文课时，总感到彷徨不安，因为他根本不知道老师在说什么。对于读本、作文他总算可以将勤补拙，勤加翻查字典也可勉强过关；但听力方面实在有点力有不逮。

　　浩江很了解自己的弱点，所以在第一次默书前，几晚彻夜不眠地加紧准备，如临大敌。浩江在大陆是高才生，他从不担心测验考试的结果及格与否，而是能否取得满分；至于"零蛋"，在他的字典里根本没有这回事。虽然派卷前他也有心理准备，当然不敢奢望满分，及格是努力的方向，但他收到的竟是一张"零蛋"的卷子。这是他一生中首次碰到的挫折，对他来说，是一个相当大的挫折。

　　下课时，他垂头丧气地来找莫老师，征询老师的意见。莫老师很清楚浩江的背景，她首先指出一般人面对挫折通常会有三种不同

的反应：要么就是愤怒、埋怨，抱怨父母为什么要移居香港；要么就是自责，信心摇动，为什么自己花了这么多时间温习还是不行；要么就是正视这个挫折，设法去克服它。不过，克服难题前，先要评估自己的能力。如果不自量力，螳臂当车，结果挫折只会接踵而来。之后，莫老师为浩江定下一个较能实际配合他能力的目标，先是五分，然后十分，如此类推。果然，学年结束时，浩江的英文默书终于取得了一百分。

个人反省

＊当学生面对学业上的挫折时，你如何指导他们去应付？

具体实践

＊为学习能力稍逊的学生订出一些短期目标，让他们较容易把握达到，以减少其挫折感。

你的补充

垂头丧气

拨开令人沮丧的云雾，

你才知道人生是一轮清朗的明月。

　　沮丧的成因很多，学生时期如：生病、失去心爱的人、功课压力大、失去生活目标等便是。会考前由于功课压力，放榜后因失去生活目标都可能会令青少年沮丧。台湾教育心理学家吴静吉教授曾为"沮丧"这种心理状况举出十项征兆：

　　一、笼统地觉得无助和失望。

　　二、不能清晰地思考，内心充满苦闷。

　　三、改变了平常吃饭睡觉的习惯。

　　四、不断怀疑自己的价值。

　　五、寂寞而与他人疏远。

　　六、想以自杀来解脱。

　　七、对别人的言行过分敏感。

　　八、凡事总是往忧郁和阴暗的地方想。

　　九、觉得自己犯了错或觉得自己要对别人的不快乐负责，而感到过分的罪疚感。

十、极端依赖别人而感到无助。

要为沮丧的学生做辅导，三栏对比法是有效的方法之一。教师可叫他们先把自我责备的项目写下，接着看看在认知上产生了哪方面的扭曲，然后再为自己加以辩护。

自然想法（自我责备）	认知扭曲	理智回答（自我辩护）
1. 我十分愚蠢。	1. 概括过分扩展化。	1. 一派胡言！如果我十分愚蠢，我怎可以生活得井井有条？
2. 我没有一科念得好。	2. 概括过分扩展化。	2. 我的体育成绩不是挺棒的吗？
3. 大家瞧不起我。	3. 纯属猜测。	3. 狗眼看人低。
4. 我没有前途。	4. 算命先生推算错误。	4. 宁欺白须公，莫欺少年穷；我还年轻呢。

三栏对比法

个人反省

＊班中有没有学生拥有上述的沮丧征兆？若有，你如何帮助他们？

具体实践

＊学生表现沮丧时，试用三栏对比法为他/她消解。

你的补充

颜面全无

敢于正视自己的失败，
要拿出莫大的勇气。

　　会考落第是一件十分痛苦的事，也是人生旅途上一次致命的挫败。面对打击，每每因个人的性格和背景不同而有所分别。短暂的惶恐、焦虑、忧郁、自卑、退缩……都是正常的反应。但如果某位落第生的个性比较脆弱，长期受制于这些负面情绪的话，届时可能要请教专科医生治疗了。所以，事前的预防工作相当重要，要培养学生的坚强个性。当事情发生后，要让他们短时期冷静一下；如果他们不主动与友辈接触，我们便要主动跟他们联络。

　　其实在冷静时期，我们要暗暗地留意学生的生活习惯有没有改变。这个时候，是他们最想逃避现实的时间，因此也容易染上恶习。我们要在学生尚未染上恶习之前，先为他们找寻一些正当娱乐，为他们建立一些新的兴趣，帮助他们恢复有规律的生活。

　　另一方面，在学生安静下来时便可为他们进行心理建设，了解他们的忧虑所在，同时让他们明白朋辈亲友不会看不起他们，相反他们很愿意伸出援手，帮助自己渡过难关。我也会教学生念念杜牧的七绝："胜败兵家事不奇，包羞忍辱是男儿。江东弟子多才智，卷土重来未可知。"言语在心理治疗中往往具有相当效力，韵文的效力有时更大。最后还要帮助他们计划将来，让他们找到精神支柱，为下一个目标而努力。

试前，好好地为学生作好应试的准备固然是教师的职责；不过，试后主动帮助落败的同学却是为人师表更重大、更加不容忽视的任务。

个人反省

* 公开试放榜时，你最关心的是学生的成绩，还是落第生的心情？

具体实践

* 即使会考放榜当天是你的假期，也抽空回校走一趟，看看有没有学生需要你的帮助。

* 面对考试失败的学生，试依上述的方法辅导他们，至少教他们念念那首七绝。

你的补充

肠断奈何天

别希求不可能的事情。

——《伊索寓言》

　　婉仪是一名中四学生，明年便要面对会考。到现在为止，她没有留过级，但每年的数学科都是不及格。在校内，只要各科合算的总平均分及格便可升级，总算没问题；但如果会考数学科不及格，对将来升学以至就业都会相当不利。于是她便找升学就业辅导主任谢老师商量，共谋对策。

　　谢老师首先指出，婉仪其实应早点解决这个问题，不要因为学校制度不健全而苟且过关。他指出，中学的科目是每位能力正常的学生都能应付的，不是什么艰深的学问，除非该生先天有某方面的缺陷，那便要由专家协助，矫正过来。就以数学科为例，每个正常人或多或少都拥有一定的运算知识和数学技巧，如果婉仪在这方面没有先天性的缺陷，她一定可以应付到中学程度的数学知识。

　　所以，婉仪首先要明白其他人做到的事，其实自己也有能力的。不过，因为她的数学科多年来都不及格，所以不要奢望可在短时间内解决；要务实一点，从根基起下工夫。开始时，目标宜定得低一些，往后便因应自己的能力来按部就班。还有，应找数学老师指导适合自己的读书方法，切忌东试试，西试试，结果一事无成。

个人反省

* 班中有没有学生多年来也无法顺利完成某些科目？若有，你用什么方法来帮助他/她？

具体实践

* 遇上有学生某科成绩特别差，试翻查一下他/她在这科的过往记录。如果他/她是多年来也无法学好这科的话，试用谢老师教婉仪的方法来帮助他/她。

你的补充

你死我活

伴着苦痛同来的快乐，
是可以伤害人的。

——《伊索寓言》

董老师今年接手主理中三丙班。去年她也有教授同一班学生，当时已经知道班中有许多同学既自私、又好胜；尤其一涉及成绩，他们更会明争暗斗，钩心斗角，总要拼过你死我活。考试前，对老师多方奉承，希望取得试题的内幕消息；一收集到过往的试题便如获至宝，秘而不宣。有些更躲在家中"秘密练兵"，但回校后却假装对考试满不在乎，甚至骚扰同学温习。考试期间，老师大可省去许多监考工夫，因为同学之间会互相监视，一旦有什么风吹草动，或有人在试场内作出任何小动作，自有同学向老师即时通风报信。考试完毕，老师批改他们的试卷可要加倍小心，万一扣错了一分半分，当事人定会排除万难，争取到底。

有人认为"有竞争才有进步"，这班学生如此重视成绩未尝不是一件好事。但董老师认为这种竞争是不健康的，是病态的。起初她想用"国王与箭"的故事来打动他们，说什么国王为了劝吁他三个王子不要彼此争执，要团结起来管治国家，便拿出一束箭来……老师一边讲，学生一边笑，有的甚至说老师又在啰啰唆唆了。总之言者谆谆，听者藐藐。

于是董老师改变策略。她巧立名目，举行多次茶会，每次都要同学准备一份食物回校与他人分享。渐渐她观察到同学间的关系开始没有那么紧张了，便趁着时机，为他们开设温习班。同学认为有内幕消息就不应吃亏，于是每个人都非常踊跃参加。头两次都是由老师负责主持，当她察觉到出席率稳定后，便为他们分小组，要求每个人各自先行准备一些章节，并把心得在班中与同学分享。日子久了，现在他们终于学懂如何团结一致地去面对考试这"一束箭"了。

个人反省

* 你对"有竞争才有进步"这句话有什么意见？

具体实践

* 多举办些联谊活动，使学生在一个和谐的人际环境中成长。

你的补充

假如兔子不睡觉

随机应变，

是聪明的方法。

——《伊索寓言》

"龟兔赛跑"是老一辈教师喜欢用来鼓励那些成绩欠佳，要将勤补拙的学生的童话故事。不过，当这个故事流传了一段时期后，人们开始发现它有些漏洞。首先，参加赛跑的兔子是否会睡觉？在现实的教学环境中，我们如果天生技不如人，希望对方停下来让自己慢慢地一步一步赶上去，是非常不切实际的想法，而且对兔子也不公平；对乌龟而言，其实也只是一个假象，因为它实质上根本没有改进。作为教育工作者，这种想法对优异的学生来说很不公平，同时给成绩不如人的学生一个假象；即使可鼓励他们将勤补拙，这也不是一种高明的手法。

不过，这个故事还是有它可讨论的空间，借此启迪我们如何辅导成绩稍逊的学生。我们要学生明白，兔子始终是兔子，乌龟始终是乌龟。所以我们首先要辅导学生接受自己，姑勿论自己天生是美丑智愚。接纳自己是人生一项很重要的功课。诗人说："天生我材必有用。"我们切忌自暴自弃。我们既不需要勉强改变自己与生俱来的条件，更不应希望外在的环境改变来迁就自己。

如果自己天生有比不上他人的地方，可考虑改变策略，避重就轻。例如为什么不跟与自己先天条件相同的另一些乌龟比赛，而要与兔子比赛呢？这样，一来既不需要兔子停下来，二来乌龟彼此间也可互相策励，一起改进；甚至乌龟可以跟自己比赛，今天比昨天跑得快些，已是一种进步。

还有，在平地上虽然乌龟不如兔子，但一碰到河流，乌龟的趾蹼便发挥它的功用，兔子在这种处境大有可能败下阵来。多元教育可在这方面大事发挥。

个人反省

* 对于成绩欠佳的学生，你会透过多元教育来帮助他们，还是设法强要他们在不利于自己的"比赛规则"下与其他人竞争？

具体实践

* 多利用各种趣向测验去发掘学生多方面的长处。
* 积极参与由本地各所大学联办的学校推荐入读计划。

你的补充

克绍箕裘

> 每个人常是他自己命运的主宰。
>
> ——《伊索寓言》

中国古代讨论教育的专著《礼记·学记》有这样的说法："良冶之子，必学为裘；良弓之子，必学为箕。"就是说，好的冶铸匠期望他的儿子学习制造"鼓风袋"；好的造弓师傅期望他的儿子学习制造"箭袋子"，这说明中国人对子女的就业都有一种期望。受了生命延续的文化陶冶，子继父业似乎是天经地义。

不少学校的升学就业导师，似乎多少也秉承了这份传统思想。每每在学生考完公开试，等待放榜的这段日子，他们总是忙个不停，积极地四出向学生游说道："这行很有前途呀！""这科的出路很狭窄呀！"其实任何一位考生都要面对他的前途，前途是中性的。决定往哪个方向走，很视乎他本人的价值观和意愿。如果我们的抉择是以某一行业的未来发展（即世人所谓的"前途"）为准则，以此作为升学就业的指标，是十分危险的事，因为现今社会的变化相当急剧。目前可能是某种行业很有发展，但数年后可能又是另一番光景。

帮助学生作升学就业的抉择时，切忌为他作最后决定，因为这一定要由他本人做，否则他会埋怨你一世。辅导的老师只是从旁协助，他们的任务是一方面帮助学生了解自己，让他们了解自己的能力、兴趣和家庭的经济能力，另一方面给他们介绍相关的升学或就业资料，然后与他们一起进行客观的分析和讨论。

个人反省

＊你可有因潮流的趋向而指导学生朝着那个方向选科或择业？

具体实践

＊为学生办一些趣向测验，例如可参考由中国行为科学社印行的《修订白氏职业兴趣表》，再因应学生的学业成绩和家庭经济能力，为他们订出升学就业的计划。

你的补充

伯乐在哪里？

每个人按自己的能力把工作做得最好，
就叫做成功。

—— 秦山

在田径场上，最精彩的场面莫过于冠军冲线的一刻。看到多位运动员在接近终点前互相争持，实在令人呼吸屏息。终于有人把红线冲断了，全场随即扬起一片欢呼声，一场比赛胜负立见。比赛要看到的不外是这一刻。但我们可有耐性留心跑在最后的一位？虽然他的体能、技能或许比参赛的任何一位都有所不如，但他的毅力，那种锲而不舍的精神实在值得我们欣赏。

冠、亚、季军的评审是十分容易确定，但毅力高低的区分却太抽象了，很难下判语；何况赛跑的目的是比试速度，不是毅力。跑得快与慢似乎比毅力高与低有意思得多。所以每当冲线一刻的高潮过后，那位不自量力，跑在最后的一位还慢吞吞的妨碍下一场赛事，一步一步地往前跑，人们也只好礼貌地为他打气，希望他快快跑完，好让下一项赛事快点上场，下一位英雄早点出现。

人类的眼光是短视的。我们多留意可见的东西，对于那些较难捉摸，较抽象的东西便觉得它没有用，岂不知抽象的东西往往更长久，更有价值。体能、技能会因年龄增长而衰退，但一个人的毅力却不会因年事已高而磨灭。这毅力不只令运动员在赛事中获得成果，也可令他在其他事务上得到发挥。同样，我们不应只留意学生考试的成果，更要欣赏的是他在准备考试过程中的那份努力，那种不屈不挠的精神。只要他有这种努力的决心和精神，即使今天暂且失败，亦终有成功的一日。

个人反省

* 你重视事情的结果还是过程？为什么？

具体实践

* 每次放榜后，与一些努力过但依然落第的同学倾谈。鼓励之余，让他们知道老师关心的是过程，不是结果。

你的补充

读书笔记